Schirner
Verlag

Das Buch

Die weisen, heiligen Überlieferungen und Schriften des Ostens und Westens lehren, daß am Anfang das Wort war und die Welt durch den Klang geboren wurde. Jeder Form und jeder Aktion geht ein Gedanke voraus. In dieser einfachen Wahrheit liegen unser innerer und äußerer Reichtum, unsere Freiheit und Macht begründet. Durch unsere Gedanken und geistigen Einstellungen erschaffen wir unsere Welt. Gedanken und Einstellungen lassen sich lenken, verändern, läutern und in Übereinstimmung mit einer höheren Ordnung bringen. Das bietet uns viele Möglichkeiten zu spielen, zu lernen, uns zu heilen und uns mit dem Göttlichen zu verbinden und dadurch zu wachsen.

Einer der Wege des spirituellen Wachstums und der Erkenntnis nutzt den Klang. Es ist der Weg des Mantras, des Wiederholens von heiligen Silben und Worten, um Resonanz zum Göttlichen zu erzeugen. Der Weg des Mantras baut darauf auf, daß das Universum und alles, was in ihm lebt, aus Klangschwingungen besteht. Gedanken sind in Klang gehüllt. Mit Denken, Sprechen, Singen und Schreiben erschaffen wir Realitäten. Das Mantra ist ein Instrument, mit dem wir die uns gegebene wunderbare Macht, durch das Wort Veränderung und Manifestation zu bewirken, bündeln und ihr eine heilsame Richtung geben können.


Die Autorin

Christine Stecher beschäftigt sich als freie Lektorin und Sachbuchautorin mit den Themen Gesundheit, ganzheitliches Heilen und Spiritualität.

Christine Stecher

# Mantras

## Die Sprache der Götter

ISBN 3-89767-114-X

© 2002 Schirner Verlag, Darmstadt
Erste Auflage

Umschlag: Murat Karaçay
Satz und Redaktion: Kirsten Glück
Druck und Bindung: Reyhani Druck + Verlag, Darmstadt

Printed in Germany

# Inhaltsverzeichnis

**Einleitung** ............................................................ 7
Mantras – in Klang gehüllte Gedankenkraft ...................... 7
Was das Wasser uns lehrt ........................................... 9
Ruf und Echo ......................................................... 12

**Erster Teil**
*Machtworte und die Magie der Töne* .............................. 15
   Was sind Mantras? ............................................ 16
    • Traditionen des Mantras .................................. 19
    • Mantras im Hinduismus, Buddhismus und Tantrismus ..... 19
    • Mantras im Christentum ................................... 24
    • Mantras im Islam und Sufismus ........................... 26
    • Mantras bei den Völkern der Welt ........................ 28
   Warum Mantras wirken ......................................... 30
    • Alles ist Klang .......................................... 30
    • Sprache und Wörter von prägender Kraft .................. 32
    • Namen sind Energiebotschaften ........................... 36
    • Der ganze Körper geht in Resonanz ....................... 40
    • Morphische Felder ........................................ 48
*Mantras für jeden Tag* ........................................... 51
   Die Vorzüge des Mantras ...................................... 52
    • Gebet .................................................... 53
    • Affirmation .............................................. 55
    • Sich vom Mantra öffnen und tragen lassen ................ 56
   Sein Mantra finden ........................................... 60
    • Es sich leicht machen .................................... 60
    • Brauche ich einen Guru? .................................. 69
   Wie wende ich mein Mantra an? ................................ 74
    • In der Meditation: Japa .................................. 77

- Wann, wie oft und wie lange? .............................................. 81
- Gelegenheiten, das Mantra zu sprechen ....................... 84
- Mit Hingabe und von Herzen .......................................... 87
- Korrekte Aussprache und andere Regeln ..................... 89
- Hilfsmittel ............................................................................. 94
- Tips für kreative Menschen............................................ 105

*Aufbruch in eine offene Spiritualität* ...................................... 117
Die Namen der Seele – eine Übung ................................... 119

## Zweiter Teil

*Das Lexikon der Mantras* ................................................. 121
Hinduismus, Buddhismus, Tantrismus ............................. 123
Christentum ......................................................................... 158
Islam und Sufismus .......................................................... 192
Judentum .............................................................................. 200
Das alte Ägypten................................................................ 205
Indianische und schamanische Welt ............................... 209
Die Namen der Göttin ....................................................... 212
Mantras für eine neue Zeit ............................................. 214
Mein persönliches Mantra – Notizen .............................. 218

## Anhang

Die Chakras und ihre Zuordnungen .................................. 221
Quellenverzeichnis .............................................................. 225
Index ...................................................................................... 229

*„Eine feinfühlige Seele wird von Farben angesprochen, eine noch feinfühligere Seele vom Klang.“*
PIR-O-MURSHID HAZRAT INAYAT KHAN

# Einleitung

## Mantras – in Klang gehüllte Gedankenkraft

Jeder Form und jeder Handlung geht ein Gedanke voraus. In dieser einfachen Wahrheit liegen unser innerer und äußerer Reichtum, unsere Freiheit und unsere Macht begründet. Durch unsere Gedanken und geistigen Einstellungen erschaffen wir unsere Welt.

Gedanken und Einstellungen lassen sich lenken, verändern, läutern und in Übereinstimmung mit einer höheren Ordnung bringen. Das bietet uns viele Möglichkeiten zu spielen, zu lernen, uns zu heilen und uns mit dem Göttlichen zu verbinden und dadurch zu wachsen.

Einer der Wege des spirituellen Wachstums und der Erkenntnis nutzt den Klang. Es ist der Weg des Mantras, des Wiederholens von heiligen Silben und Worten, um Resonanz zum Göttlichen zu erzeugen und in Verbindung mit ihm zu treten.

Der Weg des Mantras baut darauf auf, daß das Universum und alles, was in ihm lebt, aus Klangschwingungen besteht. Diese Schwingungen drücken sich in erster Linie als Ton aus und daraus folgend auch in den Frequenzen von Farbe und Form.

Die weisen, heiligen Überlieferungen und Schriften des Ostens und Westens lehren, daß am Anfang das Wort war und die Welt durch den Klang geboren wurde. Damit nicht genug: Unsere aus dem Urklang entstandene Erde entwickelt und entfaltet sich unaufhörlich weiter entlang der Klangbewegungen im Mikro- und Makrokosmos. Denn der im „Urknall" freigesetzte Klang besitzt dynamische Kraft. Klang ist Bewegung, und Klang will sich ausbreiten.

Das gleiche geschieht auch durch unsere Gedanken. Jeder Gedanke ist Teil dieses dynamischen Entfaltungsprozesses. Gedanken sind in Klang gehüllt, denn sie sind immer mit Wörtern verbunden. Gedanken werden bereits in unserem Kopf in Laute und Buchstaben gekleidet. Der Denkvorgang beruht darauf, daß wir den Dingen Namen geben. Wörter transportieren unsere Ideen und Begriffe und machen sie verständlich. Somit tritt auch jedes gedachte oder ausgesprochene Wort automatisch als Klang in die Welt hinaus und erzeugt Form.

Mit Denken, Sprechen, Singen und Schreiben erschaffen wir Wirklichkeiten. Ausgehend von der feinstofflichen Ebene offenbaren sich die von uns hervorgebrachten Klangformen auch auf der grobstofflichen Ebene. In diesem Sinn sind wir Menschen Mitschöpfer. Wir beeinflussen durch unsere Gedanken und Worte, die immer subtil berühren und etwas bewegen – und damit Taten sind –, sowohl unsere eigenen Geschicke als auch die Erde und den Kosmos.

Dabei sprechen wir nur den geringsten Teil unserer Gedanken laut aus, und vieles, was wir auf den unterschiedlichen Ebenen unseres Seins an Botschaften aussenden, ist uns gar nicht bewußt. Das Mantra ist ein Instrument, mit dem wir die uns gegebene wunderbare Macht, durch das Wort Veränderung und Manifestation zu bewirken, bündeln und ihr eine heilsame Richtung geben können.

## Was das Wasser uns lehrt

Die Lehre von der schöpferischen Macht der Gedanken und des Klangs erscheint einerseits so einfach und lebensnah, andererseits so tiefgründig und abstrakt, daß es immer wieder hilfreich ist, sich die Zusammenhänge an praktischen Beispielen vor Augen zu führen.

Sehr eindrucksvolles Anschauungsmaterial liefern die von Masaru Emoto aufgenommenen Fotos von Eiskristallen (*Messages from Water*). Der japanische Wissenschaftler wollte die unterschiedliche Beschaffenheit des Wassers und seine Fähigkeit, Informationen zu speichern, untersuchen. Dazu hatte er Proben verschiedener Herkunft, unter anderem von Leitungs- und Regenwasser sowie von Quell- und Teichwasser, tiefgefroren. Das Wasser befand sich dabei in natürlichem Zustand, oder man hatte es zuvor eine Zeitlang mit Musik beschallt, es mit Wörtern oder mit Gebeten besprochen oder das Glasgefäß außen mit Schriftbanderolen versehen. Die Kristalle dieser tiefgefrorenen Proben zeigten unter dem Mikroskop dann jeweils charakteristische Formen: Je höher die Qualität des Wassers, desto ausgeprägter bildete es bei Minusgraden Kristalle in der typischen sechseckigen Grundform, wie wir sie von Schneeflocken kennen. Wasser, das zuvor mit harmonischen Melodien besungen worden war oder das man gesegnet hatte, zeigte besonders schöne, reich verästelte Kristallformen. Auf Gebete und Begriffe religiösen oder spirituellen Inhalts hin bildeten sich oft sogar golden schimmernde Kristalle. Verschmutztes Wasser hingegen hatte je nach dem Grad der Verunreinigung seine Fähigkeit, klare Kristallformen zu bilden, mehr oder weniger verloren, ebenso Wasser, das mit disharmonischen Heavy-Metal-Klängen oder verbalen Beschimpfungen traktiert worden war – ein deprimierender Anblick.

Die Experimente von Masaru Emoto machen für jeden sichtbar, daß Klänge – die Schwingung der Musik, die Schwingungen der gedachten, gesprochenen oder geschriebenen Wörter und Botschaften – eine Wirkung haben. Sie zeigen, daß Klänge der Spiegel einer höheren Ordnung sind, Harmonie in sich tragen und damit heilen können, daß sie jedoch unter Umständen auch zerstörerisch wirken. Wenn man bedenkt, daß Wasser ein Grundelement alles Lebendigen ist und der Mensch zu zwei Dritteln aus Wasser besteht, ahnt selbst der eingefleischte Materialist, welch ein machtvolles und zugleich subtiles Instrument der Klang ist.

Insgesamt betrachtet ist es mit diesen Experimenten gelungen, ewige Wahrheiten, die unser Leben leichter machen, wenn wir sie denn nur achteten und ihnen folgten, für jeden verständlich darzustellen. Das Wasser lehrt uns demnach folgende Lektionen:

· Jeder Gedanke, jedes Wort hat eine Wirkung und erzeugt eine Form.
· Der innere Klang der Gedankenkraft wird durch äußeren Klang, durch das gesprochene Wort, verstärkt.
· In jeder Sprache der Welt stärkt der Klang hoch schwingender Wörter wie *Engel*, *Liebe*, *Dank* sowie der Klang der verschiedenen Namen Gottes oder des Namens von geistig weit entwickelten Menschen die Lebenskraft, da seine Frequenz ordnend und harmonisierend wirkt.
· Je höher, das heißt je schneller die Schwingung, desto größer die harmonische Ordnung, die mit Gesundheit, Wohlbefinden und Wahrheit gleichzusetzen ist.

· Gedanken, Visualisierungen (innere Bilder), gesprochenes Wort, Musik und Gesang sind Hilfsmittel, mit denen wir uns körperlich und seelisch ausbalancieren und aus der eigenen Mitte Kraft und Gesundheit schöpfen können. Sie können uns dabei helfen, uns geistig mit höheren Ebenen des Seins zu verbinden und spirituell zu wachsen.

Emoto hat bei seinen Forschungen festgestellt, daß Wasser Klanginformationen erst nach einer gewissen Einwirkungszeit aufnimmt und danach nur für eine begrenzte Zeit zu speichern vermag. Gebete, Gesänge und gute Gedanken müssen also ständig wiederholt werden, um Form annehmen zu können. Das heißt: Der erfolgreiche Umgang mit Klang verlangt in der Regel Geduld, Konzentration und Hingabe. Wiederholung ist der Schlüssel, mit dem wir uns zu einer höheren, feineren Qualität aufschwingen und sie schließlich auch integrieren.

Auch menschliche Heilungs- und Transformationsprozesse vollziehen sich nicht über Nacht. Es muß ein bestimmter Punkt der inneren Neuausrichtung von Gefühl, Verstand und Körperzellen erreicht werden, ab dem sich das neue Bewußtseinsfeld oder Energiemuster dauerhaft verankern kann und lebendig wird. Das „Umschalten" selbst mag blitzschnell geschehen, doch oft geht eine längere Vorbereitungszeit voraus. Eines der wirksamsten Hilfsmittel, um eine solche ganzheitliche qualitative Veränderung, Läuterung und Erhöhung der Frequenz zu erreichen und sich für eine neue Ebene bereitzumachen, sind Mantras: Laute, Worte oder Sätze geballter Kraft, Liebe und Wahrheit, die viele Male in Gedanken oder flüsternd oder mit lauter Stimme wiederholt werden.

## Ruf und Echo

Alle Kulturen dieser Welt kannten die Macht des Wortes und haben rituelle Methoden entwickelt, um mit Klang zu heilen, Hilfe zu erflehen, die Natur zu beherrschen, Freund und Feind zu beeinflussen, zu zaubern und zu bannen oder die Götter zu preisen. So gibt es in allen Sprachen Gebete, Heil- und Zaubergesänge, magische Sprüche, Affirmationen (positive Glaubenssätze), Verwünschungen oder Machtworte und natürlich Mantras für die verschiedensten Zwecke. Die Menschen senden damit einen Ruf aus und hoffen auf ein Echo, das mit ihren Hoffnungen, Wünschen und Zielen in Einklang steht.

Das Rezitieren oder Singen speziell von Mantras ist eine sehr alte und vor allem in Asien bis heute lebendig erhaltene spirituelle Praxis. Von all den verschiedenen Techniken, Gedankenkräfte und Klang zu bündeln, besticht das Mantra durch sein Potential an schöpferischer Kraft, spiritueller „Ladung" und Freiheit.

Einerseits ist das Wiederholen von Mantras eine spirituelle Praxis, die jeder mit großem Gewinn selbständig und frei gestalten kann. Dem scheint andererseits zu widersprechen, daß man nach strenggläubiger Auffassung „sein" Mantra eigentlich nur von einem Guru bekommen kann und sich durch diese Weihe in eine bestimmte Traditionslinie begibt, daß man es, wie vom Lehrer vorgeschrieben, geheimzuhalten hat und nur entsprechend strenger Vorgaben anwendet.

Allerdings verbreiten sich Mantras bei uns im Westen vor allem durch populäre Musikkassetten und CDs. Viele haben Freude daran, gemeinsam Mantras zu singen oder beispielsweise den Rezitationen der heiligen Silbe *Om* durch tibetische Mönche zu lauschen, in der Andacht dienende, devotionale Mantra-Gesänge einzustimmen und ihre erhebende Wirkung zu spüren. Im Westen gehen wir heute viel unbefangener mit Mantras um, als das in ihren Herkunftsgebieten im Osten geschieht. Wir schätzen die heilsame, aufbauende und vitalisierende Energie der Mantras, ohne uns damit einer bestimmten Religion oder einem Guru zu verpflichten. Das ehrwürdige Mantra wird dann zu einem für jeden erreichbaren lichtvollen Instrument, um sich auf höhere, heilsame Ebenen einzuschwingen.

Die Informationen dieses Buches richten sich somit in erster Linie an Menschen, die neugierig auf einen freien und schöpferischen Umgang mit Mantras sind und mit einem persönlich ausgewählten Mantra eine positive Konstante, eine Art spirituellen Leitsatz, in ihr Leben bringen wollen. Mantras der verschiedenen spirituellen Richtungen werden im folgenden als eine Möglichkeit vorgestellt, sich jederzeit direkt an das Göttliche zu wenden und sich leichter immer wieder darauf zu besinnen und daran auszurichten, um

·   an Leib und Seele gesund zu bleiben,
·   zu Gelassenheit und innerer Beschwingtheit zu finden,
·   von Krankheiten und Problemen zu genesen,
·   einen Neuanfang zu machen,
·   sich ganz neue Bereiche des Denkens und Fühlens zu erschließen,
·   seine Lebensfreude und Dankbarkeit auszudrücken.

Wenn wir uns für ein Mantra entscheiden, bestimmen wir, mit welchen Wahrheiten wir uns umgeben. Mantras helfen, die wache Verbindung zu unserer geistigen Heimat zu vertiefen und nie abreißen zu lassen. Das persönliche Mantra ist ein Weg, über den wir sogar bei größtem emotionalen Streß oder in Angstsituationen immer wieder das Licht finden können.

Das Buch ist als eine Einladung zu verstehen, mit Dankbarkeit und Achtung einen Weg der Selbsterfahrung, Heilung und Selbstverwirklichung zu nutzen, den all jene Seherinnen, Schamaninnen, Yogis, Weise, Priesterinnen, Gurus, Meister und Lichtarbeiterinnen seit Tausenden von Jahren bis heute geebnet und ausgestaltet haben. Gleichzeitig dürfen wir aber auch, im besten Sinne selbst-bewußt, manche Beschränkungen und Gelübde hinter uns lassen, die einer anderen Zeit und Energie angehören. Vertrauen wir also unserem inneren Guru, unserer inneren Lehrerin – das Mantra ist nichts anderes als ein Aspekt dieser seelischen Instanz.

# Erster Teil

*„Im Anfang war das Wort, und das Wort war bei Gott, und das Wort war Gott. Im Anfang war es bei Gott. Alles ist durch das Wort geworden, und ohne das Wort wurde nichts, was geworden ist. In ihm war das Leben, und das Leben war das Licht der Menschen."*
JOHANNES 1,1–4

*„Die unbegrenzte Wirksamkeit der Mantras rührt daher, daß sie die 'Objekte', die sie repräsentieren, sind (oder wenigstens durch richtige Rezitierung werden können)."*
MIRCEA ELIADE

## Machtworte und die Magie der Töne

Eine Definition kann nie vollkommen objektiv und frei von Wertungen sein, und nach dem bereits Gesagten ist es nicht verwunderlich, daß wir es beim Mantra mit einem Phänomen zu tun haben, das viele Ebenen der Bedeutung und Anwendung zuläßt. Auf den kleinsten gemeinsamen Nenner gebracht, bezeichnen wir als Mantra eine sprachliche Formel, die mit besonderer Kraft geladen ist.

Eine knappe Definition zu finden fällt zudem schwer, weil es das Mantra in den unterschiedlichsten kulturellen Zusammenhängen und religiösen, spirituellen Traditionen gibt. Für die einen ist es eine ganz pragmatisch anzuwendende geistige Technik, den anderen ist es heilig. Eine Schamanin könnte ein Mantra als Medizin benutzen, während ein frommer Brahmane es bei Sonnenaufgang als Hymne an den Sonnengott rezitiert. Ein Sufi tanzt ekstatisch die Silbe *Hu*, während eine Christin still den Rosenkranz betet.

## Was sind Mantras?

Vom Wortursprung her betrachtet ist das Mantra ein Werkzeug des Denkens oder des Geistes. Das Wort kommt aus dem Sanskrit und setzt sich aus den Silben *man* für Geist, Denken und *tra* für Werkzeug zusammen. Eine Silbe, ein Wort, ein oder mehrere Sätze oder eine Passage aus heiligen Schriften können als Mantra verwendet werden, das heißt, sie werden wiederholt rezitiert. In allen Kulturen ist der Name Gottes oder der Göttin ein Wort der Kraft. Das grundlegende, universale Mantra ist jedoch der Atem.

Viele traditionelle Mantras bestehen lediglich aus ein paar Vokalen und Konsonanten. Doch selbst wenn eine lautmalerische Silbenfolge scheinbar keine inhaltliche Bedeutung hat, besitzt jeder Buchstabe eine bestimmte Schwingung. Diese Energiebotschaft kann auch in Form von Zahlen ausgedrückt werden. Im Hebräischen gibt es sogar keine eigenen Zeichen für die Zahlen. Jeder Buchstabe, jeder Laut übt eine spezifische Wirkung aus und hat außerdem eine symbolische Bedeutung. Manche tantrischen Lehren (Tantrismus: Form des tibetischen Buddhismus) ordnen jedem Buchstaben eine Körperzone oder ein feinstoffliches Zentrum (Chakra) zu.

Viele Mantras sind an bestimmte religiöse Praktiken und Rituale gebunden, die eine gewisse Lehrzeit verlangen und für Nicht-eingeweihte manchmal sogar tabu sind. Die meisten Mantras lassen sich nicht wörtlich übersetzen, sondern nur auf verschiedenen Deutungsebenen interpretieren. Sanskrit, Aramäisch, Hebräisch und Arabisch sind zudem Sprachen, bei denen ein Wort viele Bedeutungsebenen haben kann, so daß jeder je nach Wissens- und Bewußtseinsstand etwas anderes aus ihm heraushört oder herausliest, vor allem bei tiefgründigen religiösen und philosophischen Texten. Mantras sind damit sehr vielschichtig. Sie sind mehr als die Summe der einzelnen Wort- und Silbenbestandteile.

In einem Mantra können mystische Lehren ausgedrückt und verständlich gemacht werden. Mantras sind also auch verdichtete Informationen. In einer heiligen Mantra-Formel kann der Inhalt eines mehrbändigen erleuchtenden Werkes stecken, ähnlich wie in einer mathematischen oder physikalischen Formel vielschichtige Sachverhalte zusammengefaßt sind – man denke nur an Einsteins $E = mc^2$ (Energie ist gleich Masse mal Geschwindigkeit im Quadrat, eine zentrale Aussage der speziellen Relativitätstheorie). Vor allem im tantrischen Buddhismus werden verschiedene Keim-Mantras (*Bija-Mantras*), wie zum Beispiel *Krim*, benutzt, die buchstäblich die Schwingung eines bestimmten göttlichen Aspekts wiedergeben (hier: die Göttin Kali) und mit ihm identisch sind. Für den Eingeweihten, der das Mantra korrekt zu rezitieren versteht, entfaltet sich innerlich mit der Zeit die Klangenergie genauso wie ein Same, der zu keimen beginnt.

Mantras wirken wie ein rhythmischer Code oder ein Symbol für innere Erfahrungen und Bewußtseinszustände. Diese Erfahrungen und Zustände sind theoretisch für jeden in ähnlicher Weise erreichbar, weil wir als Menschen kollektiv denselben Bedingungen und Gesetzen unterworfen sind. Sie werden jedoch stets von jedem einzelnen auf seine Weise durchschritten und stellen somit auch etwas Persönliches dar. Niemand kann es uns abnehmen, innere Erkenntnisse zu gewinnen oder zu spirituellen Einsichten zu gelangen. Jeder muß sich selbst auf den Weg machen.

Mantras erschließen sich somit nicht einfach über den Kopf; sie verlangen kein rein verstandesgesteuertes, intellektuelles Verstehen. Sie wollen auch gefühlsmäßig und seelisch erfaßt werden. Als Urklänge werden sie über das Sein erfahren und auf allen Ebenen von Körper, Geist und Herz integriert.

Das Geschenk, das ein Mantra bietet, ist, Brücke zu sein, über die wir gehen können, um göttliche Seelenkräfte zu berühren, mit ihnen bereits hier auf Erden zu verschmelzen und sie hier zu manifestieren. Diese Seelenkräfte sind wie das Mantra selbst Ausdruck des Urklangs der Schöpfung.

# Traditionen des Mantras

Wenn wir heute von Mantra sprechen, bedienen wir uns eines Begriffs aus der hinduistisch-buddhistischen Tradition. Den indischen Weisen und Lehrern verdanken wir bis heute die tiefgründigsten und ausgefeiltesten Anweisungen und Kommentare zum Gebrauch des Mantras.

## Mantras im Hinduismus, Buddhismus und Tantrismus

Im alten Indien waren Mantras und Veden eins. Die Veden sind die ältesten heiligen Schriften der Inder (Sanskrit: *veda* = Wissen). Es heißt, daß das Sanskrit-Alphabet zu Urzeiten den Rishis (Sehern) offenbart und Tausende von Jahren später in den Veden niedergelegt wurde. Die fünfzig Buchstaben des Sanskrit-Alphabets sollen die fünfzig ursprünglichen Klänge der Schöpfung wiedergeben. Sanskrit wird deshalb auch als Sprache der Götter bezeichnet, und die lange aus Respekt nur mündlich überlieferten Veden haben den Rang von Offenbarungsschriften: Sie sind ewige Wahrheiten übermenschlichen Ursprungs und wurden von den Weisen in der Meditation lediglich empfangen, nicht aber selbst erdacht.

Die ältesten Mantras Indiens entstammen dem Rigveda, der um 1500 v. Chr. niedergeschrieben wurde. Diese Mantras werden als besonders heilig und machtvoll angesehen. Das Berühmteste von ihnen ist das *Gayatri* (zu den einzelnen Mantras siehe das Lexikon der Mantras ab Seite 121). Auch in den drei anderen Veden finden sich Mantras, zum Beispiel zum Schutz vor Geistern, Gefahren und Krankheiten (Atharvaveda) oder für Opferriten (Samaveda, Yajurveda). Der Einsatz von Mantras bei vedischen Feuerzeremonien wird außerdem in den Brahmanas (ergänzende Schriften zu den Veden) abgehandelt. Stoff für und über Mantras liefern darüber hinaus die Upanishaden (ergänzende Schriften zu den Veden) und die großen Epen wie das Ramayana (ältestes Sanskrit-Epos, das die Geschicke von Rama und seiner Gattin Sita besingt) oder die Bhagavadgita („Gesang des Erhabenen" aus dem Epos Mahabharata).

Im hinduistischen Indien war das Studium der Veden traditionell nur den drei oberen Kasten erlaubt. Ihre Angehörigen nannte man auch die Zweimalgeborenen, da sie eine (Mantra-)Initiation und damit eine zweite Geburt erfahren hatten. Frauen waren in jedem Fall von diesen Weihen ausgeschlossen. Sie durften die Veden weder lesen noch rezitieren, selbst wenn sie der Priesterkaste der Brahmanen angehörten. Im Hinduismus haben sich unter anderem auch aus diesem Grund viele Mantras entwickelt, die aus anderen Quellen als den Veden stammen. Im Bakhti-Yoga, dem Weg der liebevollen Hingabe an das Göttliche, werden beispielsweise die vielen Namen und Attribute der Hindu-Gottheiten gesungen.

Nach strenggläubiger Lehre müssen folgende sechs Kriterien erfüllt sein, damit von einem echten Mantra gesprochen werden kann:

1. Es ist von einem Seher (Rishi) oder einem Menschen, der Selbstverwirklichung erreicht hat, empfangen worden.
2. Es bezieht sich auf eine Gottheit.
3. Es besitzt ein bestimmtes Versmaß, eine Melodie.

4. Es enthält eine Bija-Silbe (Keimsilbe).
5. Es besitzt dynamische Energie (*shakti*).
6. Es verfügt über „Anker" für die ihm innewohnende reine Bewußtseinsenergie, die nach unermüdlicher Wiederholung schließlich frei wird.

In den verschiedenen Richtungen des Buddhismus bedient man sich ebenfalls der Mantras aus den Veden. Überhaupt fällt es schwer, zwischen rein hinduistischen und rein buddhistischen Mantras zu unterscheiden, da die große religiöse Toleranz von Hinduismus und Buddhismus auch eine Vermischung der Kulte mit sich brachte. Man sagt, daß es Millionen von hinduistischen und buddhistischen Mantras unterschiedlichster Kategorien gibt – von Mantras als Ausdruck des Heiligsten und Göttlichen bis hin zu Zaubersprüchen für Reichtum, Gesundheit und Erfolg im Beruf. Zahlreiche hinduistische und buddhistische Mantras kann man heute in speziellen Verzeichnissen nachschlagen, doch wurden auch viele nie schriftlich niedergelegt oder öffentlich preisgegeben. Manche geheimen Mantras werden sogar niemals laut ausgesprochen.

Zu den großen, weit verbreiteten und beliebten buddhistischen Texten, die wie Mantras täglich rezitiert werden, gehört beispielsweise in der Theravada-Schule das *Metta-Sutra*: das Sutra von der Güte (Pali: *metta*, Sanskrit: *maitri*). Im Mahayana-Buddhismus, der vor allem in Tibet, China und Japan verbreitet ist, rezitieren Mönche, Nonnen und Laien täglich das *Herz-Sutra*. Dieses Sutra ist das Herzstück (deshalb der Name) des Prajnaparamita-Sutras, einer bedeutenden Lehrschrift vor allem für den Zen-Buddhismus. Auch das buddhistische Glaubensbekenntnis – die Zufluchtnahme zu den Drei Kostbarkeiten (siehe Seite 152) – das täglich rezitiert wird, besitzt die Qualität eines Mantras.

Im tibetischen Buddhismus spielen Mantras eine herausragende Rolle. Das sowohl in den Klöstern als auch bei den einfachen Leuten Tibets am meisten verbreitete und verehrte Mantra ist *Om mani padme hum.* Im ganzen Land ist es allgegenwärtig, denn es wird nicht nur unablässig von Groß und Klein gemurmelt, sondern auch durch unzählige Gebetsmühlen sowie Steine und flatternde Gebetsfahnen, auf denen es geschrieben steht, in alle Himmelsrichtungen verbreitet.

Das große tibetische Mantra *Om mani padme hum*

In der tibetischen Heilkunst haben Mantras ebenfalls einen wichtigen Platz. Sie werden vor allem zur Behandlung von Menschen mit seelischen Störungen eingesetzt, da diese Patienten auf Klangschwingungen besonders gut reagieren.

Auch bei den Schamanen und Priestern der vorbuddhistischen Bön-Religion Tibets hatten Mantras einen hohen Stellenwert. Ihre

(Abb. aus Tatjana und Mirabai Blau: Buddhistische Symbole)

Macht war allerdings gefürchtet, denn die magischen Formeln dienten nicht immer nur heiligen Zwecken.

In den verschiedenen Richtungen des Tantrismus werden die zahllosen komplizierten Rituale von Mantras sowie von Yantras und Mudras begleitet. Mudras sind Handgesten, die die Energie des Klangs oder Mantras in Form von Bewegung wiedergeben. Yantras sind einfache Mandalas (um ein Zentrum geordnete Meditationsbilder), die den Klang als geometrische Form und in Farbe darstellen. Beide sind eine Hilfe bei der Visualisierung der Gottheit mit dem Ziel, mit ihr eins zu werden (siehe auch das Kapitel „Hilfsmittel" ab Seite 94).

Die verschiedenen Richtungen des Tantrismus kennen sowohl „gute" als auch „böse" oder „männliche" und „weibliche" Mantras. Stets muß ein Guru den Weg zum rechten Gebrauch des Mantras weisen. Er lehrt auch die richtige Intonation (Betonung und Rhythmus) der heiligen Formeln. Vor allem im Tantrismus gleichen Mantras einer Geheimsprache, die ohne die Vermittlung durch einen erfahrenen Meister wirkungslos bleibt. Überhaupt ist für den persönlichen Gebrauch von Mantras sowohl in der hinduistischen als auch in der buddhistischen Tradition allgemein die Einweihung durch einen Guru vorgeschrieben, der selbst ein Meister des Mantras ist.

Im Westen kam man seit den 1960er Jahren durch Hatha-Yoga mit Mantras stärker in Berührung, vor allem mit dem mystischen Ton *Om*. Als dann Maharishi Mahesh Yogi die Transzendentale Meditation bekanntmachte und verbreitete, in der Mantras eine wichtige Rolle spielen, wurden viele Amerikaner und Europäer in ihr persönliches (Sanskrit-)Mantra eingeweiht, um es täglich zu rezitieren und darüber zu meditieren. Von dieser und anderen östlichen Meditationstechniken unter Einsatz von Atem und Klang ging für westliche Suchende eine große Faszination aus. Es schien vergessen zu sein, daß Mantras und Japa (die regelmäßige Wiederholung des Mantras) auch im christlichen Abendland eine verbreitete Form praktischer Spiritualität sind. Selbst die im Osten als Mala bezeichnete Gebetskette gibt es in der Form des Rosenkranzes auch bei uns.

Im Christentum dienten seit Frühzeiten Bibeltexte, vor allem die Psalmen des Alten Testaments, als Mantras. Aus dem Psalmodieren, dem Singen der Psalmen, entstand der gregorianische Choral, der dieselbe Wirkung wie das Singen von Mantras erzeugt. Allerdings sind christliche „Mantras" durch die Kirche oftmals zu Bußübungen eingesetzt worden, und ein jeder, der sich mit der schöpferischen Kraft des Wortes beschäftigt hat, wird wohl davor zurückschrecken, *mea culpa* als Mantra zu wählen.

Im Frühchristentum wurde von dem Mönch Johannes Cassian (um 360–435) das immerwährende Gebet entwickelt – das christliche Mantra, das heute auch als Ruhe-, Herzens- oder Jesusgebet bekannt ist. Cassian ließ sich in der ägyptischen Wüste von den Lehrern inspirieren, die spezielle Meditations- und Gebetstechniken aus dem Osten kannten. Zu jener Zeit war das ägyptische Alexandria ein Ort, an dem auch indische Weisheitslehren aufgenommen wurden. Anfänglich sprach man vor allem kurze Texte aus den Psalmen oder dem Neuen Testament, oder man wiederholte nur ein Wort, zum Beispiel *Herr*. Im 6. Jahrhundert verbreitete sich dann die Formel *Herr Jesus Christus, erbarme dich meiner*.

Das immerwährende Gebet wurde im 12. Jahrhundert vor allem von Mönchen in den Klöstern des Berges Athos praktiziert. Im 16. Jahrhundert verbreitete es sich in Rußland, und vor mehr als hundert Jahren erschien dann die Schrift „Aufrichtige Erzählungen eines russischen Pilgers, seinem geistlichen Vater mitgeteilt" eines anonymen Verfassers. Im Rahmen eines anrührenden Erfahrungsberichtes erklärt darin ein Suchender, was es mit dem „Gebet ohne Unterlaß" auf sich hat. Das Buch ist inzwischen weltweit in vielen Auflagen verbreitet. Heute wird das Jesus- oder Ruhegebet vor allem in Benediktinerklöstern gepflegt (siehe die Bücher von John Main und Emmanuel Jungclaussen).

Auch das mit dem Rosenkranz gebetete *Vaterunser* und das *Ave Maria* sind wie das Jesusgebet eine christliche Form des Mantras.

Was für den hinduistischen Brahmanen die Veden, ist für den Muslim der Koran: aus göttlicher Quelle empfangene Wahrheit. Im Islam werden die Suren des Korans wie Mantras rezitiert; sie sind offenbartes Wort und damit heilig. Zur spirituellen Praxis gehört neben den fünf täglichen Gebeten zudem das Rezitieren der neunundneunzig Namen (das heißt der unendlich vielen Eigenschaften) Gottes. In der siebten Sure des Korans heißt es: „Allah hat die herrlichsten Namen; ruft ihn mit diesen an" – auch mit Hilfe einer Perlenschnur, der Entsprechung zu Rosenkranz und Mala. Im Islam gibt es keine Bittgebete, wie sie Christen kennen, der Gläubige beschränkt sich auf die Anbetung *Allahs*.

Der Sufismus, der die Liebe zu Gott lehrt, wird als mystischer Zweig des Islams bezeichnet. Der Name entwickelte sich aus *suf*, dem Wort für Wolle, in die sich muslimische Asketen kleideten. Obwohl manche die Ursprünge des Sufismus weit vor der Zeit des Propheten und Religionsstifters Mohammed (ca. 570–632) sehen, sind in jedem Fall der Koran und die Verehrung Mohammeds das Fundament des Sufismus. Die rituelle Sprache der Sufis ist demnach Arabisch. In den verschiedenen Ländern des Mittleren und Nahen Ostens sowie in Pakistan und Indien entwickelten sich allerdings zum Teil recht unterschiedliche Schulen oder Orden, in denen übrigens auch Frauen etwas zu sagen hatten. Die Mystikerin Rabia von Basra (gestorben um 801) war beispielsweise eine der großen Gestalten in der Geschichte der Sufi-Bewegung. In neuester Zeit gibt es Ansätze, den im Vergleich zur islamischen Religion undogmatischen Sufismus auch außerhalb des Islams zu lehren und sich von seiner Spiritualität inspirieren zu lassen.

Zu den wichtigsten Sufi-Ritualen gehören die stille sowie die laute Rezitation von Texten des Korans und von Segenssprüchen, manchmal verbunden mit Musik, Bewegung und Tanz. Die zentrale Übung eines jeden Sufis heißt Dhikr (Gottesgedenken, Erinnerung), da, wie es im Koran heißt, der Gedanke an Gott das Herz beruhige. Die laute oder die innere Rezitation der verschiedenen Namen Allahs dient dazu, die Sehnsucht des Herzens nach dem Göttlichen zu stillen und zur Erleuchtung zu gelangen. Die mystischen Lehren, die unter anderem den abstrakten höchsten Klang zum Thema haben, werden innerhalb der verschiedenen Sufi-Orden nur von Lehrer zu Schüler weitergegeben.

Im Hinduismus und Buddhismus gehört das Mantra zum spirituellen Alltag. In Indien wird es systematisch gelehrt und beschrieben. Im Christentum, Islam und Sufismus existiert eine Art Mantra-Praxis, die in mancher Hinsicht durch die alten indischen Lehren beeinflußt ist. Und wir können davon ausgehen, daß die Priesterinnen und Suchenden anderer Religionen, Kulturen und Völker ebenfalls ihre heiligen Silben und Laute rezitiert haben, denn das ist die elementare Form des Gebets und Gottesdienstes. Allerdings wurde das Mantra dort weder so detailliert beschrieben, noch der Allgemeinheit schriftlich überliefert.

Es ist eine Frage der Auslegung, ob wir die Hymnen, Pyramidentexte und Sprüche aus dem Totenbuch des *alten Ägyptens* als Mantras begreifen. Leider wissen wir zu wenig über den tatsächlichen Gebrauch von heiligen Formeln zu jener Zeit. Darüber hinaus können wir uns weder eine gesicherte Vorstellung vom Klang der altägyptischen Musik machen, noch besitzen wir Hinweise, wie die alten Ägypter Wörter und Gebete aussprachen. Ins Dunkel gehüllt ist auch der Gebrauch von *hekau* (Singular: *heka*), magischen Sprüchen und Worten der Macht, die wohl zum Teil mit Mantras verglichen werden können. Vor allem auf der mythischen Reise durch die Unterwelt gaben die *hekau* Schutz. Die ägyptischen Priester sangen sicher auch ihre Form von Mantras und benutzten bestimmte Töne und Formeln für spirituelle Zwecke. Wie die Riten der *griechischen Mysterien* waren diese Techniken jedoch Teil des sorgsam gehüteten Geheimwissens, das nur mündlich und in Form einer Einweihung weitergegeben wurde – und das mit dieser religiösen Kultur untergegangen ist.

Das Singen der Vokale A-E-I-O-U sowie der Gottesnamen ist nach kabbalistischer Weisheit, der *jüdischen Mystik*, eine Möglichkeit, sich auf das Göttliche einzuschwingen. Im chassidischen Judentum werden die Vokale in sehr melodiöser Weise gesungen, um Gott zu ehren. Altägyptische Texte sowie kabbalistische Worte und Namen der Kraft werden im übrigen bis heute im Rahmen von Ritualen magischer Zirkel als mantrische Anrufungen benutzt.

Auch die *keltischen und germanischen Zauberlieder* hatten offenbar die Kraft eines Mantras. Sie beruhten auf der Kunst, natürliche Laute, Beschwörungen, Anrufungen und Verse zu einem rhythmischen Gesang zu verweben und zielgerichtet den richtigen Ton zu treffen. Dieser Technik bedienen sich ebenfalls die Heilerinnen und Sänger der *indianischen Völker*. Doch schreiben Schamanen keine Bücher – Ausnahmen bestätigen die Regel. Und so finden wir weder Nachschlagewerke zu den Heilgesängen der Navajo oder der afrikanischen Medizinmänner noch ein Lexikon der Beschwörungen südamerikanischer Indio-Schamanen. Genauso wenig haben die Hohepriester des alten Ägyptens und Griechenlands allgemeine „Gebrauchsanleitungen" für ihre geheimsten Rituale hinterlassen.

Die Mantras der Priester, Heilerinnen und Zauberer bleiben in der Regel ohnehin geheim. Falls es sich dabei um persönliche Machtworte handelt, können diese – wenn überhaupt – nur an einen Schüler, eine Schülerin weitergegeben werden, damit sie ihre Kraft nicht verlieren. Mantras werden in der Regel als individuelle „Medizin" verordnet und sind niemals Patentrezepte. Würden sie in anderen Zusammenhängen wiederholt, hätten sie nicht mehr ihre intensive Wirkkraft auf Körper, Geist und Seele.

## Warum Mantras wirken

Bereits der kleine Überblick über die Verbreitung und Verwendung von Mantras zeigt, daß Mantras zwar einerseits wie das Gebet eine verbreitete Form der Frömmigkeit und Spiritualität sind, aber andererseits auch zu den sorgfältig gehüteten spirituellen Praktiken gehören. Und so ist es kein Wunder, daß die Wirkungsweise von Mantras je nach Kultur, Religion sowie spiritueller Tradition und Schule ein bißchen anders beschrieben wird. Manchmal erscheint es so, als ob darüber bewußt ein irreführender Schleier geworfen würde. Dadurch sollte sich jedoch niemand abschrecken oder verunsichern lassen. Jeder wird seine Form finden, mit der er die Kraft von Klang und Wort für sich erschließen kann.

Natürlich können Mantras auf verschieden hohen Ebenen des Bewußtseins eingesetzt werden. Und manches Wissen darüber ist nicht mit nüchternen Worten zu beschreiben – es ist esoterisch, das heißt, es wird erst nach einer Form von Einweihung der eigenen Erfahrung zugänglich. Doch grundsätzlich haben alle Mantras eine Wirkung. Sie funktionieren, weil wir Menschen aus demselben Stoff wie das Wort sind: aus Klang.


## Alles ist Klang

Nach der alten indischen Lehre war das ungeformte Universum in einem Tropfen (*bindu*) geborgen. Ein Punkt symbolisiert diesen Ursprung, und aus ihm erklingt das *Om*, der Urton der Schöpfung, und entfaltet Welten. Klang geht – um es nochmals zu betonen – jeder Form voraus.

Das Sanskrit-Zeichen für *Om*

Nach vedischer Lehre ist es die dynamische weibliche Kraft (*shakti*) gewesen, durch die aus dem großen göttlichen, bewegungslosen Einen (*brahman*) der erste Klang in die Welt hinausströmte. Das Mantra wird deshalb auch der göttlichen Mutter zugeordnet (mehr zum Mantra als „weiblicher" Technik in dem Abschnitt „Die Vorzüge des Mantras" ab Seite 52).

Die moderne Physik arbeitet heute auf der Grundlage eines Weltbildes, das den Sehern der Veden und den auf sie folgenden östlichen Weisheitslehrern recht gibt: Die Festigkeit der Materie ist eine Illusion, und es wäre töricht, nur das sichtbare Stoffliche für die Wirklichkeit zu halten. Materie ist lediglich langsam schwingende, „gefrorene" Energie. Alles ist letztlich geistiger Natur und allein durch Geist beeinflußbar. Anders ausgedrückt: Da Form aus Klang besteht, haben wir über Töne auch zu allem Zugang.

Die indischen Seher und Weisen des Altertums unterschieden zwischen mehreren Arten von Klang. Zunächst erkannten sie, daß es hörbare und unhörbare Klänge gibt. Wir wissen heute, daß das menschliche Ohr nur Schallwellen zwischen 16 und 16000 bis 20000 Hertz wahrnehmen kann (im Alter oft nur noch bis 5000

Hertz). Doch darüber und darunter existiert eine Fülle von Klang-frequenzen, die das menschliche Dasein ebenfalls berühren und den Kosmos erfüllen. Manche dieser Töne können in Meditation oder Trance wahrgenommen werden.

Der übersinnliche Klang wird im Sanskrit als *sphota* oder auch *shabda* bezeichnet. Er ist als höchster Klang Ausdruck des Göttlichen und der göttlichen Ordnung. *Nada* ist ein Klang von hoher Frequenz, der normalerweise nicht gehört werden kann, aber für Meditierende vernehmbar wird. Dieser geistige, innere Klang *nada* gilt als Urform des Mantras. Unter dem Begriff *dhvanti* werden die Töne und Geräusche zusammengefaßt, die wir alltäglich wahrnehmen. Doch auf jeder Stufe ist Klang ein Echo des Urlautes, und jedes Mantra hat durch die Frequenz seines Klangs und die Energie, die der Rezitierende in seine Worte hineingibt, eine Wirkung auf ihn und seine Umgebung.

## Sprache und Wörter von prägender Kraft

Es heißt, daß es vor dem Turmbau zu Babel eine Zeit gegeben habe, in der die Menschen nur eine einzige Sprache kannten. Man sagt auch, daß vor dem Sprechen das Singen kam. Unsere gemein-same Ursprache war demnach ein Urgesang – eine Kommunika-tion auf der Basis von rhythmischen Klängen und Melodien. Es muß eine sehr direkte, spontane und seelenvoll-reine Ausdrucks-weise von großer Intensität gewesen sein, denn es gab ja noch kei-ne Worthülsen, die sich wie ein verwirrungstiftender Filter zwi-schen den inneren und äußeren Klang schieben konnten.

Zu den frühesten mündlichen Überlieferungen gehören Gesänge, epische Dichtungen, bei denen der Rhythmus eine elementare Rolle spielte. Dann trennte sich auch die Dichtkunst von Musik und Gesang, zumindest bei den „zivilisierten" Völkern. Der Respekt vor der Magie des Klangs und vor der Macht bestimmter Ausdrucksweisen verschwand, indem die Menschen immer mehr Wörter erfanden und die Welt vielschichtiger wurde. Seit langem unterscheiden wir ganz klar zwischen Sprechen und Singen und verständigen uns bevorzugt über das gesprochene und geschriebene Wort. Wir lernen eine Muttersprache und beherrschen außerdem Fremdsprachen. Die wenigsten von uns sind es heute noch gewohnt, jeden Tag spontan Lieder zu singen oder Töne und Melodien zu summen. Abgesehen davon haben wir längst die Kunst verlernt, durch rhythmische Gesänge so starke Resonanzen und konzentrierte Klangbilder zu erzeugen, daß wir zum Beispiel wie die Naturvölker in der Lage wären, Regen oder Nahrung herbeizurufen. So etwas erscheint uns heute zu fantastisch, um wahr zu sein, denn wir haben vergessen, daß der Schlüssel zu jeder materiellen Erscheinung der Klang ist (wie eingangs dargelegt).

Als moderne redegewandte, vielsprachige Menschen verwenden wir Wörter hauptsächlich, um materielle Dinge und Sachverhalte zu bezeichnen. Es geht weniger um den klanglichen Ausdruck von Gefühlen und Stimmungen oder von seelischen Wahrheiten und mystischen Einsichten. Wir verwenden auch immer mehr Fachbegriffe, die wie die Alltagswörter scheinbar keine besondere Betonung brauchen. Sie werden der Ebene von Intellekt und Logik zugeordnet, ohne daß dabei berücksichtigt wird, daß jedes Wort nicht nur den Verstand, sondern den ganzen Menschen berührt und jedem Wort potentiell Macht innewohnt.

Im Sanskrit wird die gesprochene Sprache als *vac* bezeichnet. Man versteht darunter auch Wort, Rede und Ton. Da der Klang, das gesungene oder gesprochene Wort, der Anfang der Welt war, wird *vac* in den Veden zur Mutter des Universums. Im Hinduismus entstand aus Vac, der alten Göttin des Wortes, die Göttin der Dichtung, Musik und Beredsamkeit mit Namen Sarasvati.

Lange nach der Entfaltung der Sprache(n) haben Menschen die Schrift entwickelt. Nun gibt es jedoch mehr Klänge als Buchstaben; folglich sind etliche Erfahrungen und Töne nicht in Worte zu fassen. Es bleiben uns aber die Musik und der Gesang oder das Anstimmen von Tönen (Toning), um Energien auszudrücken und uns mitzuteilen.

Das Sanskrit-Alphabet, das den Rishis offenbart wurde, hat fünfzig Buchstaben (darunter sechzehn Vokale), die der Überlieferung zufolge jeweils eine besondere göttliche Energie tragen und geistige Kräfte verkörpern. In diesem Zusammenhang wird Sanskrit als spirituelle Sprache gerühmt, die einen natürlichen Zugang zu höheren Bewußtseinsebenen öffnet.

Jede andere Sprache der Welt besitzt ebenfalls eine spezifische Energie und Schwingung. Durch ihren besonderen Klang formt sie die Menschen, die sich ihrer bedienen. Das geht so weit, daß von der Sprache eines Volkes auf dessen Mentalität und Denken geschlossen wird. Während Sanskrit als Sprache des Gebets und der Anrufung gilt, wird beispielsweise Russisch als besonders gefühlvolle Sprache erlebt. Deutsch wird als Sprache des Geistes bezeichnet, mit der man sich klar, zuverlässig, gelehrt und auch recht bestimmt ausdrücken kann. (Angemerkt sei, daß die Fachbücher der deutschen Sanskrit-Forscher des 19. Jahrhunderts von solcher Gelehrsamkeit sind, daß indische Sprachwissenschaftler Deutsch lernten, um dieses Material studieren zu können.)

Die unterschiedlichen Klangfärbungen der Sprachen lassen sich auch anhand der eingangs erwähnten Experimente mit Wasserkristallen anschaulich darstellen. An den Kristallbildern wird deutlich, wie unterschiedlich die Schwingungen der einzelnen Sprachen sind. Ein Wort wie *Glückseligkeit* wird in jeder Sprache wunderbare Kristallformen erzielen; jedoch ergeben sich, je nachdem, ob es sich um die Schwingung des Japanischen, Französischen oder Deutschen handelt, etwas anders gestaltete Kristallgebilde.

Abgesehen von den verschiedenen Sprachen der Welt, in denen ein Mantra durch den Klang der Worte wirksam wird, haben wir es zudem mit verschiedenen Sprachebenen zu tun. Wir können grob zwischen der Alltagssprache und einer rituellen Sprache unterscheiden. Aus dem alten Indien stammt eine feinere Einteilung. Danach kann man zwischen vier Stufen von Sprache und damit auch Klang und Gedanken(form) unterscheiden. Es gibt:

1. die gewöhnliche Sprache, den normal hörbaren Klang (*vaikhari*),
2. die nicht laut gesprochene Sprache, die innere Bezeichnung (*madhyama*),
3. die sprachliche Vision oder wortlose Sprache (*pasyanti*) und
4. die höchste Sprache des Ewigen, den göttlichen Klang (*para*).

Im allgemeinen beginnen wir, Mantras in der „Alltagssprache"
zu rezitieren – und erfahren dadurch bereits eine Wirkung, denn
unser Organismus und unser Gemüt reagieren auf Töne und Gedanken. Mit der Zeit erkennen wir, daß die Sprache der Mantras
stets die rituelle Sprache eines höheren Bewußtseins ist. Zum Teil
wählen wir ja Mantras, in denen Wörter und Begriffe verwendet
werden, die nicht unserem alltäglichen Wortschatz angehören und
die in uns etwas Besonderes, etwas Heiliges zum Schwingen bringen. Indem wir diese selten gebrauchten, zum Teil fremdsprachi-
gen Wörter feierlich erklingen lassen, aber auch indem wir ein einfaches Wort wie *Liebe* mit Hingabe sprechen, bekommen wir ein
Gefühl für die schöpferische Kraft des Wortes und der Sprache.
Mit größerer Mantra- und Meditationspraxis erschließen sich für
uns möglicherweise auch die spirituellen Ebenen des Klangs. In jedem Fall besteht eine nicht geringzuschätzende Nebenwirkung des
Mantra-Rezitierens darin, daß wir wieder achtsamer mit dem Wort
umgehen und zudem besser verstehen, daß es einen Unterschied
macht, wie etwas über unsere Lippen kommt.

## Namen sind Energiebotschaften

Erinnern wir uns: Jedes Ding, das in unserem Universum fein-
stofflich oder grobstofflich Form annimmt, entstammt dem Urklang
und hat seine bestimmte Frequenz. Es besitzt eine individuelle
Klangstruktur, einen innersten, verborgenen Namen, der aus Klang
besteht und der auf Klang reagiert.

Auch Menschen sind durch ihre Klangstruktur, die sie im Innersten zusammenhält, unverwechselbar. Ein bestimmter Seelenton ist jedem von uns gegeben. Er ist der ursprüngliche Name, mit dem wir auf die Welt kamen und dessen Klangschwingung göttliche Seelenkraft ist. Unser Rufname, der uns von den Eltern gegeben wurde, kommt im Idealfall der Schwingung des Seelennamens nahe. Barbara G. Walker (*Das geheime Wissen der Frauen*) weist darauf hin, daß in verschiedenen Sprachen die Bezeichnung für „Name" mit der für „Seele" identisch ist, zum Beispiel Irisch *ainm*, Altwalisisch *anu*, Altbulgarisch *imen*, Sanskrit *naman*, Griechisch *onoma*, Lateinisch *anima*, *nomen* und *numen*. Welch starke Energie und Bedeutung allein schon der Rufname besitzt, können wir spüren, wenn wir verliebt sind und den Namen des oder der Geliebten aussprechen oder ihn zum erstenmal hören.

Interessant ist in diesem Zusammenhang, daß sich Wissenschaftler an der englischen Universität Cambridge heute damit beschäftigen, Viren, Bakterien, Proteine und Erbmaterial mit Hilfe von Quarzkristallen akustisch zu erkennen – an ihrem spezifischen Klang, den sie in Bewegung erzeugen. Priesterinnen, Schamanen und Magierinnen, aber auch die einfachen naturverbundenen Menschen verstanden es schon lange, bevor es Hightech-Laboratorien gab, Klangschwingungen oder Namen zu erkennen, aus ihnen Rückschlüsse zu ziehen und sich ihrer zu bedienen.

Das Wissen um den wahren Namen oder inneren Ton – den eigenen oder denjenigen anderer Lebewesen oder Dinge – verleiht Macht. Nicht nur im alten Ägypten ging man davon aus, daß der Name die jeweilige Wesensessenz erfaßt. Etwas einen Namen zu geben war gleichbedeutend damit, etwas zu erschaffen. Dem liegt die Vorstellung zugrunde, daß der Name eine Art Blaupause für die Gestalt ist. Umgekehrt bedeutet es, daß die Kenntnis des wahren Namens den Zugang zu der Struktur des Benannten öffnet.

In der richtigen Form gerufen oder gesungen, ist der Name also ein Instrument, mit dem Einfluß auf etwas oder jemand genommen werden kann. Zum Schutz vor möglichen unliebsamen Manipulationen gibt es deshalb bei indianischen Völkern heute noch die Sitte, einem Kind mindestens zwei Namen zu geben: einen Rufnamen für den Alltag und einen sorgfältig geheimgehaltenen Namen, der eins ist mit dem wahren Wesen, mit der Seele des Kindes. Indem der wahre Name ein Geheimnis bleibt, soll verhindert werden, daß ein anderer Macht über diesen Menschen bekommt. Seinen spirituellen oder rituellen Namen preiszugeben hieße, die eigene Kraft zu verlieren und sich fremden Einflüssen auszuliefern.

Daß Namen eine tiefere Bedeutung und Aussagekraft haben, läßt sich auch an dem alten Brauch erkennen, nach einer Initiation oder bei der Aufnahme in einen Orden einen neuen Namen anzunehmen. Dieser neue Name ist dann Ausdruck der veränderten inneren Schwingung und soll dem neuen Bewußtsein oder der neuen Aufgabe entsprechen.

Auch einzelnen Göttern gaben die Menschen verschiedene Namen, und jeder Name galt stets als heilig. Manche Gottesnamen wurden sogar für so machtvoll gehalten, daß man sie aus Ehrfurcht niemals aussprach. Die Juden riefen zum Beispiel Gott als *Adonai* (Herr) an. Die Bezeichnung ersetzte den allerheiligsten Namen *JHWH* oder *Jahwe*, der niemals ausgesprochen wurde.

Da der Name stets eine bestimmte Energie hat, die mit dem Wesen des so Bezeichneten in Verbindung steht, haben die Namen von Heiligen oder Meistern ebenso wie die Namen Gottes mantrische Kraft. *Jesus Christus* ist beispielsweise ein starkes, einfaches Mantra. Zwar vermögen wir Menschen nicht die innerste Klangessenz des Göttlichen zu ermessen, denn menschliche Einsicht hat eine beschränkte Reichweite, aber dennoch sind die Namen, die wir dem Göttlichen geben, voll von spiritueller Energie. Eine starke Wirkung entfalten somit die Namen Gottes (zum Beispiel *Al-Haqq* als einer der Namen *Allahs*) oder der Göttin (zum Beispiel *Ama* als alter orientalischer Name der großen Muttergöttin). Überall auf der Welt wird diese „klassische" Form des Mantras verstanden und praktiziert.

Einer der Gründe, warum Mantras etwas bewirken, liegt also darin, daß wir Menschen durch unsere Seelenschwingung mit allen Ausdrucksformen des göttlichen Ganzen, des Urklangs, Verbindung aufnehmen können. Wir selbst sind schließlich Teil dieses Ganzen. Wir tragen einen göttlichen Namen und reagieren auf Namen, die die Teile unseres göttlichen Potentials widerspiegeln. Wir können jedoch auch jederzeit selbst etwas benennen und damit Gedankenformen schaffen, die mit Energie geladen sind und sowohl in uns selbst etwas zum Schwingen bringen, als auch in die Welt hinausgehen.

Jede Zelle des Körpers vibriert in einer charakteristischen Weise. Auch das Mantra hat eine bestimmte Schwingung und Qualität. Es hat damit Einfluß und Wirkung auf den Organismus und die Zellstruktur. Forschungen haben ergeben, daß sich das Singen von *Om* nachweisbar harmonisierend auf die Körperzellen auswirkt. Je nachdem, wie sehr wir mit einem Mantra in Resonanz stehen, das heißt, mit ihm mitschwingen, und es uns durch fortgesetzte Wiederholung wahrhaft in Fleisch und Blut übergeht, wird es uns berühren und verändern.

In der Musiktherapie arbeitet man in vergleichbarer Weise damit, den Organismus und das Gemüt durch bestimmte Töne und Klangharmonien anzuregen, damit der Patient zu einer heilsamen Ordnung zurückfindet. Dieses Heilen mit Klängen hat wie das Mantra eine lange Geschichte. Die ayurvedische Medizin entwickelte beispielsweise eine besondere Musiktherapie, bei der unter anderem, je nach erkranktem Organ, ausgewählte Sanskrit-Texte gesungen oder Ragas (Musikstücke) gespielt werden. In der Traditionellen Chinesischen Medizin entdeckte man sechs heilende Laute, die das Qi (die Lebensenergie) ins Gleichgewicht bringen und bestimmte Organsysteme stärken. Der griechische Philosoph Pythagoras (um 570–497/96 v. Chr.) stellte nicht nur Überlegungen zu den Planetenklängen an, sondern beschäftigte sich auch mit der Heilkraft der Musik auf die Psyche. In der indianischen Tradition wird der Kranke mit Gesängen wieder auf den Weg der Schönheit und Harmonie gebracht. Eine Entdeckung unserer Zeit ist, daß vor allem die Musik von Mozart eine sehr heilsame Wirkung hat und die Seele stärkt.

Daß man mit Tönen unharmonische Muster und Blockaden im Körper auflösen kann, ist also ein altes, von Erfahrung genährtes Wissen. Moderne Mediziner bestätigen, daß Töne Einfluß auf Atmung, Puls und Blutdruck haben. Muskelspannung und Hauttemperatur verändern sich meßbar. Das Nervensystem wird angeregt, und die psychische Verfassung verändert sich. Töne können also einen Menschen im wahrsten Sinn des Wortes neu stimmen.

Jeder weiß aus eigener Erfahrung im Alltagsleben, daß er spürbar auf Klang reagiert. Klänge lösen körperliche Reaktionen aus und rufen Emotionen hervor. Das heißt, liebevolle Worte oder Wiegenlieder beruhigen und öffnen, da sie uns entspannen. Lärm oder aggressive, harte Worte erzeugen dagegen Unwohlsein, denn unter Streß spannen wir uns an. Angst engt ein und macht klein, und wenn wir uns eingeengt fühlen und verkrampft sind, bekommen wir noch mehr Angst.

Die unmittelbarste Wirkung von Tönen auf den Körper wird von der eigenen Atmung und Stimme ausgelöst. Jeder Laut – ob laut gesprochen, gesungen oder im Geist angestimmt – bewirkt Veränderung. Nach der Atemtherapeutin Ilse Middendorf (*Der erfahrbare Atem*) lassen Vokale im Körper Klangräume entstehen. Durch die Kombination von Lauten – Vokalen und Konsonanten – können gezielt bestimmte Körperzonen „massiert" und geöffnet werden.

### Die Wirkung von Vokalen

Vokale öffnen den Körper und ermöglichen den Zugang zu den dort gespeicherten Gefühlen, Erinnerungen und Informationen. Zuordnungen sind:

A = Herz, Brustraum; Einheit

E = obere Brust, Hals und Kehle; Kontakt, Heiterkeit

I = Nacken, Hals, Kopf, Nerven, Gehirn; wache Konzentration, Freude, kämpferische Entschlossenheit

O = Körpermitte, Gemüt und Herz; Feierlichkeit

U = Becken, Unterleib; Erdung, Tiefe und Wärme, Verbindung des Tiefsten mit dem Höchsten

### Die Wirkung von Konsonanten

Weniger stark als die öffnenden Vokale wirken Konsonanten. Sie scheinen vorzugsweise Klangakzente zu setzen, zum Beispiel:

F = massiert die Beckenbodenmuskulatur; wirkt vitalisierend, impulsgebend

H = verstärkt die Wirkung aller Vokale

L = macht im Becken weit und weich; wirkt lockernd, wärmend

M = regt den Kreislauf an, weckt Nerven und Gehirn; wirkt vibrierend, wärmend

N = schwingt im Schultergürtel, erfrischt Augen und Gehirn; schärft die Sinne

B/D/G und K/P/T = stimuliert mal weicher und mal fester Rippen und Zwerchfell; wirkt belebend

R = verbindet Kehle und Beckenboden; wirkt vitalisierend

S/Sch = zentriert unterhalb des Nabels

Der physische Körper besteht aus Klang. Er wird durch Klang zusammengehalten und reagiert auf Klang. Doch neben dem physischen, dem grobstofflichen Körper, der die langsamste Schwingung aufweist und deshalb am dichtesten ist, gibt es noch den spirituellen, den mentalen und den emotionalen Körper. Diese feinstofflichen Körper schwingen jeweils auf einer schnelleren Frequenz, so daß sie nur für eine höhere Wahrnehmung erkennbar sind. Sie bilden die Schichten der Aura (Energiefeld um den grobstofflichen Körper) und ergeben ebenfalls ein Klangmuster, das durch Töne gestaltet werden kann und auf das Mantra einwirkt.

Zur feinstofflichen Anatomie gehören außerdem Hunderttausende von feinstofflichen Energiekanälen, die die Körper durchziehen und Nadis (von *nad* = Bewegung, Antrieb) genannt werden. An den Kreuzungspunkten der Nadis kommt es zu starken Energie- und Klangkonzentrationen. Wo sich mindestens drei Nadis kreuzen, befinden sich trichterförmige Energieschleusen, die Chakras (Sanskrit: Rad, Kreis). Nach alter Yoga-Lehre werden die Hauptchakras als Lotosblüten dargestellt, wobei die Zahl der Blütenblätter (*padmas*) Rückschlüsse auf die Nadis zuläßt, die von diesem Energiepunkt ausgehen.

Die sieben Hauptchakras haben jeweils besondere Eigenschaften, zum Beispiel eine Farbe und einen spezifischen Ton. Es können darüber hinaus viele weitere Zuordnungen und Verbindungen der Chakras zu anderen Phänomenen im Mikro- und Makrokosmos hergestellt werden (siehe auch die Tabelle im Anhang). Jedes Chakra steht mit bestimmten Tönen in Resonanz, was durch Sanskrit-Buchstaben auf den Blütenblättern dargestellt wird. Das erste Chakra am unteren Ende der Wirbelsäule weist zum Beispiel

vier Blütenblätter auf, denen die vier Sanskrit-Silben *Vam, Sham,*
*Sham* und *Sam* (siehe S. 47) zugeordnet sind. Das siebte Chakra
am Scheitel wird als tausendblättriger Lotos dargestellt, womit ausgedrückt wird, daß es in allen Tönen erklingt.

Wenn die Kundalini, die feurige Lebenskraft, die wie eine
Schlange eingerollt im untersten Chakra schläft, erweckt wird und
durch den zentralen Kanal entlang der Wirbelsäule emporsteigt,
passiert sie nacheinander alle Chakras. Die aufsteigende Kundalini
läßt dann die jeweiligen Urlaute, wiedergegeben als Sanskrit-Buchstaben auf den Lotosblättern, erklingen. Man könnte es auch so
ausdrücken, daß Nada, der geistige Klang und die Urform des
Mantras, die Gestalt der Kundalini annimmt. Die Kundalini-Ener-
gie, die Ton ist und auch als Licht wahrgenommen wird, kann
durch Meditation, Yoga-Asanas (Übungen) oder tantrische Rituale
geweckt werden. Mantras sind dabei ein wichtiges Instrument.

Die Chakras unterscheiden sich nach der Yoga-Lehre auch
durch ihre Keimsilben (*Bija-Mantras*). Sie entsprechen dem Klang,
der den jeweiligen Gottheiten zugeordnet ist, die mit den Chakras
in Verbindung stehen. Die Bija-Mantras spielen vor allem im
Tantra-Yoga bei der Erweckung der Kundalini eine bedeutende
Rolle. Doch auch ein freies Toning, ein spontanes Singen von Tönen, und das Sprechen des Mantras, das man sich gewählt hat,
sind Wege, die Chakras zum Schwingen zu bringen. Allein das
Singen von *Om* in jedes Chakra oder das Meditieren über das
Bija-Mantra eines Chakras hat eine harmonisierende, aufbauende
Wirkung.

Moderne Heilerinnen wie Barbara Ann Brennan (*Licht-Arbeit*)
verwenden verschiedene Techniken, um die Chakras mit Hilfe

von Tönen zu reinigen, von Blockaden zu befreien und mit Energie aufzuladen. Brennan hat die Feststellung gemacht, daß bei jedem Menschen die Tonhöhen der einzelnen Chakras etwas verschieden sind. Bei Heilsitzungen mit Klang singt sie deshalb in etwa drei Zentimeter Abstand vom Chakra Töne, bis sie die richtige Frequenz trifft. Sobald eine heilsame Wechselwirkung hergestellt ist, beginnt das Chakra Energie aufzunehmen und in klareren oder helleren Farben zu strahlen.

Auch Mantras setzen starke Energien in Gang. Der Klang von Mantras wirkt auf die Nadis und Chakras, unter anderem durch die Freisetzung von Energie. Als eine über die feinstoffliche Ebene wirkende Aura- und Chakra-Massage können Mantras, sofern sie in Resonanz mit dem individuellen Klanggebilde Mensch stehen, starke innere Prozesse auslösen, die alle Ebenen des Seins berühren. Auch hier funktioniert das Mantra auf der Grundlage, daß wir Menschen Klang sind und danach streben, uns anderen Schwingungen anzugleichen. Das wiederholte Rezitieren eines Mantras hat den Effekt, daß sich unsere eigene Klangschwingung der des Mantras anpaßt. Nach einer gewissen Zeit kommt es zu einem Sprung auf eine andere Ebene, bei der beide Klangkurven ihren Rhythmus angleichen. Ist ein Mantra gut gewählt, wird die neue Ebene bald erreicht sein und eine höhere und feinere Qualität besitzen.

Die Wirkung des Mantra-Rezitierens beruht auch darauf, daß der Klang der eigenen Stimme zum Heilmittel wird. Die eigene Stimme besitzt für uns eine positive Energie. Mit Atem und klangvoller Stimme ist es möglich, über die Grenzen von Zeit und Raum hinweg in Verbindung mit unserem Höheren Selbst und unseren

Seelenführern zu treten. Die Chakras, die Schnittstellen zwischen materieller und geistiger Welt, wirken dabei als Vermittler.

Mantras sind dazu gedacht, uns auf kosmische Rhythmen, auf die höheren Frequenzen der Seele und des Göttlichen einzuschwingen. Der Weg dorthin läßt sich nicht allgemeingültig vorschreiben; jeder wird mit dem in Resonanz gehen, was seinem Wesenskern zutiefst entspricht.

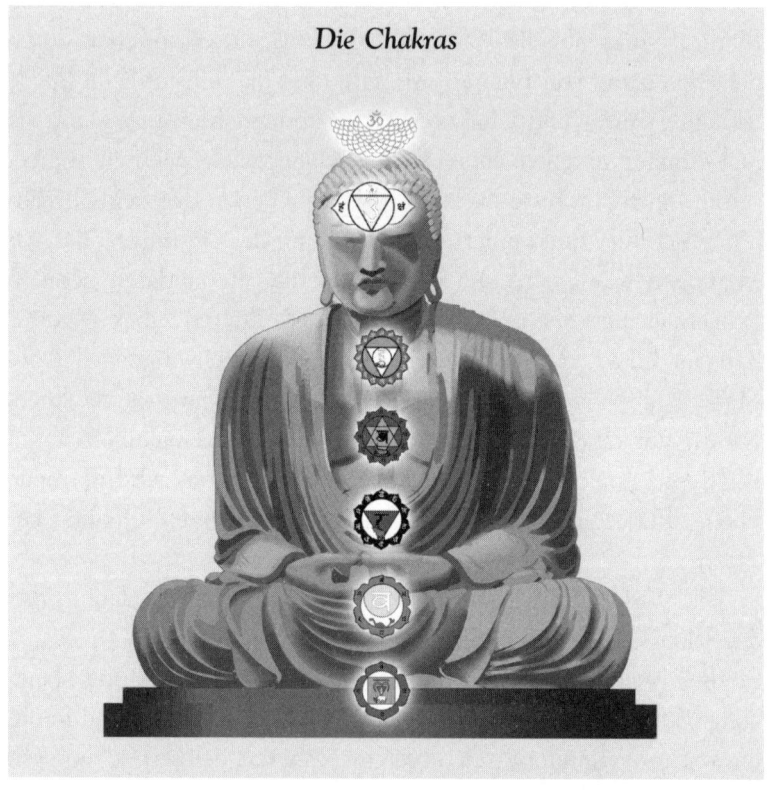

*Die Chakras*

1. **Muladhara** = Wurzel- oder Basis-Chakra
   *Sitz:* an der Basis der Wirbelsäule, zwischen After und Geschlechtsteilen
   *Vier Blütenblätter:* Vam, Sham, Sham, Sam
   *Bija-Mantra:* Lam
2. **Svadhishthana** = Sakral- oder Sexual-Chakra
   *Sitz:* eine Handbreit unterhalb des Bauchnabels
   *Sechs Blütenblätter:* Bam, Bham, Mam, Yam, Ram, Lam
   *Bija-Mantra:* Vam
3. **Manipura** = Solarplexus-Chakra
   *Sitz:* oberhalb der Magengrube
   *Zehn Blütenblätter:* Dam, Dham, Nam, Tam, Tham, Dam, Dham, Nam,
   Pam, Pham
   *Bija-Mantra:* Ram
4. **Anahata** = Herz-Chakra
   *Sitz:* Mitte des Brustbeins
   *Zwölf Blütenblätter:* Kam, Kham, Gam, Gham, Ngam, Gham, Chham,
   Jam, Jham, Nyam, Tam, Tham
   *Bija-Mantra:* Yam
5. **Vishuddha** = Kehl-Chakra
   *Sitz:* Hals
   *Sechzehn Blütenblätter:* Am, Am, Im, Im, Um, Um, Rim, Rim, Lrim, Lrim,
   Em, Aim, Om, Aum, Am, Ah
   *Bija-Mantra:* Ham
6. **Ajna** = Stirn-Chakra
   *Sitz:* zwischen den Augenbrauen
   *Zwei Blütenblätter:* Ham, Ksham (das heißt 2 x 48 = 96 Blütenblätter)
   *Bija-Mantra:* Om
7. **Sahasrara** = Scheitel- oder Kronen-Chakra
   *Sitz:* über dem Scheitel
   *Tausend Blütenblätter:* die fünfzig Buchstaben des Sanskrit-Alphabets,
   die wiederholt werden
   *Bija-Mantra:* alle Töne

(Liste mit weiteren Zuordnungen im Anhang)

Ergänzende Erklärungen für die transformierende und heilende Kraft von Mantras liefern die Forschungen des englischen Naturwissenschaftlers Rupert Sheldrake. Er verwirft das alte statische Modell der Welt als einer Maschine, in der nur Materie hin und her bewegt wird – ein überholtes Weltbild, von dem sich moderne Physiker ebenfalls längst verabschiedet haben, das sich aber zäh in der Schulmedizin und in den Geisteswissenschaften hält. Sheldrake verbreitet statt dessen das Weltbild eines beweglichen, sich stetig entwickelnden kosmischen Systems aus Bewußtseinsfeldern und Energie. Sheldrakes Arbeiten kreisen um die Existenz von sogenannten morphischen, gestaltbildenden Feldern (früher auch als morphogenetische Felder bezeichnet). Darunter versteht er geistige Muster aus gemeinsamen Erinnerungen von Menschen verschiedener Gemeinschaften (kulturell, religiös, regional) und ihren Gewohnheiten, die unter anderem das Lernen und Verhalten steuern.

Nach Sheldrake pflegen natürliche Systeme, zu denen die menschliche Gesellschaft, aber auch Tierpopulationen oder Bakterienkulturen gehören, kollektive Erinnerungen zu übernehmen. Jedes Mitglied schöpft unbewußt aus diesen gemeinschaftlichen Erinnerungen und bedient sich kollektiver Denkgewohnheiten. Diese Erinnerungen und Gewohnheiten werden durch Wiederholung weiter ausgeprägt, und so trägt jeder Einzelne auf seine Weise zur Existenz von morphischen Feldern bei.

Im einzelnen bedeutet dies, daß wir Neues schneller lernen, wenn viele andere bereits damit vertraut sind. Uns fliegen dann besondere Fertigkeiten regelrecht zu. Wir ziehen den Nutzen aus der Pionierarbeit unserer Vorgänger und werden auch durch alle, die sich zeitgleich mit dieser Aufgabe beschäftigten, automatisch unterstützt. Indem wir lernen und das Gelernte anwenden, bauen wir außerdem das entsprechende morphische Feld weiter aus.

Experimente haben nach Sheldrake ergeben, daß beispielsweise traditionelle Kinderreime, die von vielen Generationen von Müttern und Vätern dem Nachwuchs vorgelesen und vorgesungen wurden, besser gelernt werden können als neu erfundene. Ebenso können Wörter einer viel benutzten Sprache wie zum Beispiel Hebräisch von Fremden besser erkannt werden als frei erfundene Kunstwörter. Bei einem Versuch mit 48 kurzen hebräischen Wörtern aus dem Alten Testament und der gleichen Zahl von Kunstwörtern wurde sogar von Menschen, die des Hebräischen nicht kundig waren, oftmals die richtige Bedeutung erraten. Die „echten" Wörter wurden außerdem aus dem Gedächtnis besser frei niedergeschrieben als die Kunstwörter.

Einerseits haben wir also die Möglichkeit, uns in ein „aktives" morphisches Feld einzuklinken. Andererseits können auch „ruhende" morphische Felder über den Weg der Resonanz, des Sicheinschwingens, von uns wiederbelebt werden, oder wir können neue Felder erschaffen. Allerdings bedarf es meist einer bestimmten Zahl von Menschen, um den Aktivierungsprozeß nachhaltig in Gang zu bringen. Die Aktivierung eines morphischen Feldes ist zum Beispiel daran erkennbar, daß plötzlich an verschiedenen Orten dieselbe Idee aufgegriffen wird und sich scheinbar unabhängig voneinander eine Mode entwickelt oder eine Erfindung gemacht wird.

Mit Blick auf das Mantra können wir davon ausgehen, daß es als weltweit genutzte spirituelle Technik ein großes, gut verankertes Feld besitzt. Daneben gibt es die speziellen, über viele Generationen sorgsam gehüteten Traditionslinien großer geistiger Lehrer, die in das Mantra einweihen. Manche der vedischen Mantras werden tatsächlich seit mindestens zwei- bis dreitausend Jahren in der gleichen Form rezitiert. Es fällt leicht, sich an ein so starkes Feld anzuschließen und die Früchte zu ernten. Wenn wir *Om* singen, hat also nicht nur die reine Klangschwingung eine Wirkung auf uns, wir treten außerdem durch das Feld in Resonanz mit all denen, die es gesungen und darüber meditiert haben, die sich durch *Om* auf ihrem Weg haben leiten lassen und Selbstverwirklichung erlangten.

Hier noch ein weiteres Beispiel für die Wirkung von morphischen Feldern: Bis zum Zweiten Vatikanischen Konzil, bei dem in den Jahren 1962 bis 1965 unter anderem verschiedene Reformen beschlossen wurden, war es üblich, die Liturgie in lateinischer Sprache abzuhalten. Als Neuerung wurde festgelegt, daß die katholische Messe in der jeweiligen Landessprache gelesen werden sollte. Das jahrhundertealte Feld lateinischer Gebete und Gesänge ließ sich jedoch nicht so einfach ersetzen. Die Menschen konnten zwar nun die Worte vom Kopf her verstehen, sie erschienen vielen aber zu Recht als leer und kraftlos. Ähnliches geschieht bei modernen Bibelübersetzungen, bei denen scheinbar altmodisch gewordene Formulierungen ersetzt oder geglättet werden. Für das veränderte Ritual muß dann erst ein neues Feld aufgebaut werden.

*„Freut euch zu jeder Zeit! Betet ohne Unterlaß! Dankt für alles ...“*
1 THESSALONICHER 5,16-18

*„Eines unserer größten Bedürfnisse ist vielleicht, ein Gefühl für die Heiligkeit zu haben, die unserem Wesen innewohnt.“*
PIR VILAYAT INAYAT KHAN

## Mantras für jeden Tag

Klang ist ein Lebenselixier, und Mantras sind ein hervorragendes Stärkungsmittel für jeden Tag. Sie bieten die Möglichkeit, Lebensfreude, Dankbarkeit, Liebe, Verbundenheit und Seelenwahrheit schöpferisch auszudrücken und dadurch zu vermehren. Sie helfen jedoch auch, sich im Chaos zu orientieren, schwierige Zeiten durchzustehen und dabei zu wachsen. Das mag sich sowohl auf persönliche Herausforderungen und Schicksalsschläge als auch auf gemeinschaftliche Prozesse von Wandlung und Veränderung beziehen.

Für Buddhisten und Hinduisten wiederholen sich in schier unermeßlich langen Zeiträumen verschiedene Weltzeitalter (*yuga*). Dieser Vorstellung zufolge leben wir derzeit im krisenhaften, bedrohlichen Kali-Yuga. Doch trotz all der großen Probleme, denen die Menschen in diesem dunklen Zeitalter ausgesetzt sind, ist auch besondere Hilfe nahe. So heißt es, daß gerade im Kali-Yuga das Wiederholen von Mantras schnell und mühelos Wirkung zeigt. Bereits das Rezitieren von heiligen Namen helfe. Das Mantra scheint in diesem Zusammenhang zu den ersten Lichtstrahlen zu gehören, die in finsterster Nacht geboren werden, denn nach dem Kali-Yuga folgt Krta-Yuga, das Goldene Zeitalter der Wahrheit. Sein Keim ist in diesem großen Kreislauf der Weltzeitalter bereits in der Dunkelheit des Kali-Yuga zu finden.

Das Mantra ist also ein geistiges Werkzeug, das der allgemeinen Zeitqualität entspricht. Es kommt vor allem heute dem Bedürfnis vieler Menschen im Westen entgegen, sich unmittelbar und selbständig mit der göttlichen Quelle und der Harmonie des Universums zu verbinden, mit dem Ton als einzigem Vermittler. Über diese vergleichsweise einfache Form einer spirituellen Praxis kann jeder Frieden und die nötige innere Sammlung finden, um mit alltäglichen Schwierigkeiten gelassen fertig zu werden – von den langfristigen Auswirkungen der Bewußtseinserweiterung, Wandlung und Selbstverwirklichung ganz zu schweigen.

## Die Vorzüge des Mantras

Für westliche Menschen, die zum ersten Mal mit dem Mantra in Berührung kommen, wird es nicht ganz einleuchtend sein, worin es sich vom Gebet oder der Affirmation unterscheidet und worin seine speziellen Vorzüge liegen. In der Tat ist es schwer, klare Unterscheidungen zu treffen, zumal ein Mantra wie das *Gayatri* wie ein Gebet gesprochen und ein Gebet wie das *Ave Maria* als Mantra dienen kann. Zum Glück muß sich niemand ausschließlich für oder gegen etwas entscheiden, denn Mantra, Gebet und Affirmation haben – wie alles – alle ihren Platz und ihren Sinn.

Im Christentum gibt es verschiedene Formen des Gebets für Anbetung, Lobpreisung, Buße, Dank und Bitte. Die erste Erwähnung des Gebets im Alten Testament – „Damals begann man den Namen des Herrn anzurufen" (Genesis 4,26) – bezieht sich auf die Anbetung oder Anrufung Gottes. Sie wird auch als die reinste, höchste Form des Gebets bezeichnet, während das Bittgebet als die niedrigste Form gilt – obwohl Jesus die Menschen ausdrücklich dazu auffordert, Gott in seinem Namen um alles zu bitten.

Auch Mantras sind Anrufungen und Lobpreisungen. In der Regel sind sie aber nicht mit der Erfüllung von materiellen Wünschen und Zielen verbunden. Vielmehr geht es beim Mantra als einem heiligen Instrument darum, die schöpferische und auch läuternde, reinigende Kraft des Klangs wirken zu lassen und sich mit einem höheren Bewußtsein in Resonanz zu bringen. Wenn sich dann Wünsche erfüllen oder sich Dinge zum Positiven wenden, geschieht das im größeren Zusammenhang der Selbstverwirklichung und Rückbindung (re-ligio) an eine höhere Ordnung. Das Mantra aktiviert Seelenkräfte, die Wunscherfüllung in einem weit umfassenderen Maß möglich machen, als es für das in einem viel enger gesteckten Rahmen handelnde Ego planbar und überschaubar wäre.

Deutlich wird dies am Beispiel des immerwährenden Gebets in der Tradition des Johannes Cassian. Dabei wird eigentlich eine Bitte formuliert: *Herr Jesus Christus, erbarme dich meiner.* Doch dadurch, daß das sehr offen gehaltene Gebet wie ein Mantra so viele Male inbrünstig rezitiert wird, entfaltet es eine intensive Klangwirkung, sinkt in immer tiefere Schichten von Körper, Geist und Seele und verändert den Menschen langfristig in einem ganzheitlichen Sinn. Der Betende nimmt nicht vorweg, in welcher Form ihm die Gnade zugute kommen soll, sondern er öffnet sich für eine innere Wandlung, die sich nach außen in vielen Formen zeigen kann. Im Frühchristentum wurden außerdem an Christus gerichtete Stoßgebete wie *Hab Erbarmen mit mir, Herr, du Sohn Davids* wie Mantras rezitiert.

Das christliche Gebet wird auch als ein Gespräch mit Gott verstanden. Diese Vorstellung nährt allerdings oft das Gefühl der Abgetrenntheit, der Dualität: Hier ich schwacher Mensch, dort der allmächtige Gott. Demgegenüber ist das Mantra eine Hilfe, sich selbst als nicht getrennt von Gott zu erleben und die Einheit allen Seins zu erkennen. In Indien, der Heimat des Mantras, wird betont, daß das Mantra nicht an die Gottheit gerichtet ist, sondern die Gottheit selbst darstellt. Durch besondere Rezitation wird der göttliche Aspekt eines Mantras im Inneren des Menschen erweckt und erfahren. Resonanz wird hergestellt, und die eigene göttliche Natur und Machtfülle tritt mit der Zeit immer strahlender hervor. Auf dem Weg des Mantras heben wir somit Polarisierungen auf. Himmel und Erde können eins werden.

Die verschiedenen Richtungen des positiven Denkens und auch ganzheitliche Techniken zur Klärung von zerstörerischen Mustern wie zum Beispiel die Kinesiologie oder die Psycho-Neuroimmunologie arbeiten mit Affirmationen. Es sind suggestive, aufbauende, bewußtseinserweiternde Leitsprüche, die an die Stelle von einschränkenden Denkgewohnheiten und Werturteilen, emotionalen Verwicklungen und krankmachenden Überzeugungen treten sollen. Je weiter gefaßt eine Affirmation ist, zum Beispiel *Ich bin Liebe*, desto größer ist ihre Nähe zum Mantra. Je spezieller aber eine Affirmation auf die persönliche Lebenssituation zugeschnitten ist, um den eigenen Willen oder bestimmte Vorstellungen durchzusetzen, desto weniger besitzt sie jene Seelentiefe, die das Mantra auszeichnet.

Mantras sind zwar ebenfalls eine Art Leitspruch und Lebensmotto, um Begrenzungen zu überwinden und sich an höheren Wahrheiten zu orientieren, aber dies geschieht nicht durch „vernünftige", mentale Anstrengungen oder Absichtserklärungen, sondern über die besondere Dynamik von Herz- und Seelenkraft sowie das innerste Vertrauen, daß unter der Regie der Seele das Richtige geschehen wird. Mantras sind in diesem Sinn ein Ruf des Herzens, der durch das Herz beantwortet wird.

Viele Vorzüge des Mantras wurden schon erwähnt und erklärt. In einer ersten Bilanz läßt sich zusammenfassend sagen:

Das Mantra ...

- regt die spirituelle Entwicklung an, indem es über die Grenzen des Ego hinaus mit dem göttlichen Kern in Resonanz tritt und Seelenenergie freisetzt;
- bewirkt eine energetische Aufladung und Schwingungserhöhung und schenkt dadurch innere Stabilität und Freude bis hin zu ekstatischer Glückseligkeit;
- macht den ganzen Menschen lichtvoller und leichter;
- ist eines der einfachsten und stärksten Bindeglieder zwischen materieller, irdischer und geistiger, himmlischer Sphäre;
- ist eine von jedem zu erlernende und praktizierende Konzentrationsübung, die schnell den Zugang zu höheren Ebenen erschließt;
- öffnet für die feinere, höhere, „übersinnliche" Wahrnehmung;
- ermöglicht Selbsterfahrung und damit Gotteserfahrung;
- heilt Körper, Geist und Seele durch die Rückbindung an den ordnenden kosmischen Klang und die spirituelle Kraft von Tonschwingungen;
- vermittelt durch seine zentrierende Energie Frieden, Ruhe, Sicherheit und Geborgenheit;
- schützt durch seine Klanghülle vor äußeren Angriffen und durch die Schwingungserhöhung beim Rezitieren vor niedrigen, langsam schwingenden Energien wie Angst oder Haß;
- klärt Unbewußtes, bewirkt Läuterung und ganzheitliche Reini-

gung, löst Blockaden; nach indischer Vorstellung vermag es von Karma (dem über den Tod hinaus wirkenden Gesetz von Ursache und Wirkung) zu befreien;

· kann in jeder Lebenslage und Verfassung angewendet werden.

Ein besonderer Vorzug des Mantras liegt außerdem darin, daß es stets eine Ehrung des weiblichen Prinzips einschließt und damit gerade in unserer männlich orientierten westlichen Welt eine ausgleichende Wirkung ausübt. Das weibliche Prinzip kommt zum einen dadurch ins Spiel, daß der Klang und das Wort nach östlicher Weisheitslehre weiblicher Natur sind. Das Sprechen, Singen und Rezitieren von Mantras verbindet uns mit Shakti, der schöpferischen Kraft, die das Universum entstehen ließ. Diese Shakti-Energie führt uns zurück zur Quelle und weckt durch die Rückerinnerung an das Angeschlossensein, an die Einheit allen Seins, unsere Lebensfreude und Vitalität. Wie eine Mutter nimmt uns das Mantra an die Hand.

Zum anderen entfaltet sich die dynamische Wirkung der Shakti – das heißt des Klangs – nur, indem wir uns öffnen und bereit sind, zu empfangen und Veränderung zuzulassen. Der Weg des Mantras verlangt zwar eine gewisse Übungsdisziplin und Entschlossenheit, aber letztlich ist es kein Machen. Das Mantra macht vielmehr etwas mit uns. Wir selbst dagegen werden am besten still und achtsam, um den inneren, geistigen Klang zu vernehmen und unsere höhere Wahrheit hervortreten zu lassen.

Das Mantra lehrt auf ganz praktischer Ebene, daß wahre Macht aus „weiblicher" Demut und Hingabe erwächst. Wir finden erst dann unsere Worte der Macht und können erst dann ein echtes Machtwort sprechen, wenn wir zu einem reinen Kanal für den Klang und damit für unsere Seelenenergie geworden sind. Um zu wahrer Macht und Stärke zu gelangen, ist es beim Weg des Mantras notwendig, sich seiner feurigen, läuternden Wirkung und umwandelnden Kraft zu überlassen. Diese demutsvolle Hingabe setzt wiederum die mutige Bereitschaft voraus, sich mit allem auseinanderzusetzen, was diesen innersten Kanal verstopft und nach Klärung verlangt – und sich selbst dann nicht gegen die Wahrheit zu sträuben, wenn sie uns überraschend in eine vollkommen neue Richtung trägt.

Mit einem ruhigen, innigen Rezitieren unseres Mantras können wir auf diesem weiblichen Weg einfach durch Schwierigkeiten hindurchgehen, das heißt, wir können die Möglichkeit nutzen, Sorgen und Belastungen einer inneren höheren Instanz zu übergeben. Wir gewinnen so den Kampf, da wir nicht mehr kämpfen wollen und auch gar nicht mehr kämpfen müssen. Diese Haltung bezieht ihre Stärke und Wahrhaftigkeit aus dem Vertrauen in einen höheren Willen und die Weisheit der Seele, selbst wenn das Abschied, Wandlung und Neubeginn erforderlich macht.

Mantras bewirken langfristig eine Öffnung, so daß uns eine höhere Schwingung, auf der Zellebene beginnend, neu ausrichten kann. Gerade für kopflastige, leistungsorientierte, nervöse und unter Streß leidende Menschen mag es sehr erleichternd und heilsam sein, sich dem Mantra anzuvertrauen. Es ist eine gute Methode, sich auf das Höhere Selbst einzustimmen, statt immer dem Ego-Bewußtsein den Vorrang einzuräumen und sich von ihm hektisch antreiben und Angst machen zu lassen.

Mit Hilfe des Mantras gelingt es, spirituelle Energie magnetisch anzuziehen und jene vernachlässigten oder versprengten Seelenanteile einzugliedern, die durch das Mantra „herausgearbeitet" werden. Je heiler wir in dieser Hinsicht werden, um so stärker können wir Verletzungen abstreifen, die uns bislang hinderten, unsere Macht und Kraft zu leben.

Mit längerer Übungspraxis kommt es dazu, daß nicht wir das Mantra sprechen, sondern das Mantra uns spricht. Das ist mehr als ein Automatismus; dieser Effekt zeigt, daß nun die Bahn für bestimmte psychisch-seelische Energien frei gemacht ist, so daß wir wahrhaftig aus uns heraus sprechen. Wir *sind* dann Liebe oder Mitgefühl oder ein bestimmter Aspekt der göttlichen Mutter oder des Christusbewußtseins oder des höchsten schöpferischen Prinzips, genau wie der Klang des entsprechenden Mantras. Das Mantra hilft uns, unserem göttlichen Kern, unserer Seele, eine Stimme zu geben und sich auszudrücken. So werden wir mit Hilfe des Mantras auf hingebungsvolle Weise zu einem Kanal für die Berge versetzenden Kräfte der Seele und des göttlichen Bewußtseins.

Wenn schließlich das Mantra uns spricht, erkennen wir auch, daß alle Wege letztlich eins sind und nicht in gut oder böse, hell oder dunkel, männlich oder weiblich unterschieden werden können. Das Mantra läßt uns Einheit erfahren – und daß jede Trennung und Polarisierung in unserem Denken und Handeln im Grunde unnatürlich ist und deshalb über kurz oder lang Streß und Konflikte erzeugt.

## Sein Mantra finden

Theoretisch gibt es unendlich viele Mantras für unendlich viele Aspekte des Daseins. Jeder Laut, jede Tonfolge kann zu einem Mantra werden. Wer sich zum erstenmal mit dem Thema beschäftigt und nicht durch einen Lehrer oder eine bestimmte religiöse, spirituelle Tradition zu einem Mantra geführt wird, hat also die Freude, eine Wahl treffen zu können.

### Es sich leicht machen

Der erste Schritt bei der Wahl des Mantras, das Ihrer augenblicklichen Lebenssituation und Ihrem Temperament entspricht, das auf Ihre inneren Bedürfnisse antwortet und Ihre geistige Suche unterstützt, liegt darin, sich bewußtzumachen, daß Klang immer eine Wirkung auf Körper, Geist und Seele hat. Kein Mantra wird deshalb vollkommen wirkungslos sein. Allein die Tatsache, daß Sie sich mit dem Sprechen oder Singen eines Mantras in einen ruhigen, meditativen, gesammelten Zustand begeben, übt bereits eine wohltuende Wirkung aus. Das Sprechen oder Singen beeinflußt die Atmung. Die Töne bringen uns zum Schwingen, und mit Atmung und Ton treten wir mit geistigen Welten in Verbindung. Die Energie wird dorthin fließen, wo sie gebraucht wird.

### Das Mantra der Vokale – eine Übung

Die Vokale A-E-I-O-U zu singen ist eine sehr alte und sehr wirkungsvolle Methode, sich mit Kraft aufzuladen und sich zu zentrieren.

- Singen Sie die Vokale hintereinander in der Ihnen angenehmen Lautstärke, Tonlage, Betonung und Melodie – etwa fünf bis zehn Minuten lang, besser noch länger: Aaaa – Eeee – Iiii – Oooo – Uuuu. Und ohne Pause beginnen Sie wieder mit Aaaa ...

- Beim Singen können Sie Lautstärke, Länge der Vokale und Melodie immer wieder verändern. Lassen Sie sich einfach von Ihren Bedürfnissen und Ihrer Stimmung führen. Probieren Sie aus, jeden Vokal einzeln zu singen, das heißt, nach jedem Vokal neu einzuatmen, oder die Vokalfolge mit einem Atemzug zu intonieren.

- Sie stehen beim Singen aufrecht. Die Knie sind nicht durchgedrückt, sondern leicht gebeugt. Die Energie kann so besser fließen.

- Die Augen sind offen oder geschlossen. Vielleicht haben Sie ja die Gelegenheit, am offenen Fenster mit Blick ins Grüne zu üben.

- Sie können beim Singen der Vokale eine oder beide Hände auf eine Körperstelle legen, die ein wenig Heilung und Zuwendung braucht oder die schmerzt oder krank ist. Sonst hängen die Arme locker herab. Achten Sie darauf, daß die Schultern unten bleiben. Um Verkrampfungen zu lockern und sich vorzubereiten, können Sie anfangs die Schultern ein paarmal bewußt hochziehen und dann entspannt fallen lassen.

- Beim Singen der Vokale können Sie – sofern er vorhanden ist – dem Impuls nachgeben, den Körper sanft hin- und herzuschwingen und sich zu wiegen.

- Sie beenden die Übung, indem Sie still werden und dem Klang noch eine Weile nachlauschen.

Das Singen von Vokalen ist eine wunderbare Übung, um den Tag zu beginnen. Sie werden spüren, wie Ihr ganzer Körper sich lockert und in eine harmonische Schwingung kommt. Die Körperzellen werden mit Energie aufgeladen. Das Singen von Vokalen ist auch eine gute „Notfallmedizin" bei Unruhe und Angst oder in Streßsituationen. Nutzen Sie in einem solchen Fall die erste sich bietende Gelegenheit, sich für die Klangmeditation kurz zurückzuziehen. Falls Sie schon ein wenig geübter sind, reicht es auch, die Vokale lautlos zu singen, um wieder in die eigene Mitte zu kommen.

Um das geeignete Mantra zu finden, wäre es gut, sich bewußt für etwas Neues zu öffnen und sich empfangsbereit zu machen: abschalten, ein paar tiefe Atemzüge nehmen, zur Ruhe kommen, in sich gehen und fragen, was am besten zu einem paßt. Das Lexikon der Mantras ab Seite 121 kann Ihnen dabei als Orientierung dienen. Blättern Sie dort ein wenig. Probieren Sie den Klang und Rhythmus der verschiedenen Mantras aus. Kosten Sie die Töne mit Lippen, Zunge und Kehle. Vielleicht fällt Ihr Blick auf eine bestimmte Zeile. Oder lassen Sie sich von gesungenen Mantras auf CD oder Kassette anregen (siehe Seite 226 mit einer Auswahl von Aufnahmen). Lauschen Sie den Tönen, die etwas in Ihnen zum Klingen bringen oder die für Sie ganz einfach zu einem Ohrwurm werden. Sie werden intuitiv erspüren, womit Sie in besonderer Resonanz stehen.

Fragen Sie sich zum Beispiel:

· Fühle ich mich zu den traditionellen Sanskrit-Mantras hingezogen?

· Ist mir mit einem Mantra in meiner Muttersprache wohler?

- Zweifle ich an der Wirksamkeit eines christlichen Mantras, das ich unwillkürlich mit negativen Vorstellungen verbinde?
- Ziehe ich ein Mantra aus einem ganz anderen Kulturkreis oder in einer mir fremden Sprache vor, weil ich dann weniger voreingenommen bin und mich unbefangen darauf einstellen kann?
- Spüre ich eine Verbindung zu einer bestimmten Gottheit oder zu einer bestimmten spirituellen Tradition?
- Ist mir ein Mantra schon vertraut; wurde es in der Vergangenheit bereits in irgendeiner Form an mich herangetragen?
- Spricht mich der Rhythmus eines längeren Mantras an?
- Kann ich mir nur ein kurzes Mantra merken?
- Brauche ich ein Mantra, das auch eine verstandesmäßig gut faßbare Botschaft enthält?
- Sind mir Rhythmus und Wortmelodie wichtiger als die inhaltliche Bedeutung der Worte?
- Wie reagiert mein Körper auf das Mantra? Welche Gefühle steigen auf?
- Suche ich einen Leitspruch, ein spirituelles Lebensmotto, an dem ich langfristig festhalten will, oder suche ich lediglich ein Mantra für eine bestimmte Lebensphase?

Vielleicht probieren Sie ganz zu Beginn zwei oder drei verschiedene Mantras. Doch nach ein paar Versuchen sollten Sie sich dann für eines entscheiden und zumindest für einen Monat dabei bleiben. Es bringt wenig, täglich von Mantra zu Mantra zu springen oder gleichzeitig verschiedene Mantras für bestimmte große und kleine Herzenswünsche anzuwenden. Zumindest wäre das ein recht oberflächlicher, nur Verwirrung stiftender Umgang mit einem so tiefgründigen und starken Instrument der inneren Sammlung.

Ein Mantra muß nicht viele Silben umfassen oder schwierig auszusprechen sein, um große Wirkung zu erzeugen. Engen Sie auch nicht von vornherein die Wahl auf Mantras ein, die dem nach sachlichen Inhalten und eindeutigen Botschaften suchenden Verstand sehr entgegenkommen. Wichtig ist, sich mit Körper, Geist und Seele darauf einzuschwingen und nicht, alles immer nur mit dem Verstand begreifen zu müssen. Viele Mantras lassen sich gar nicht in Alltagssprache und Alltagserfahrung übersetzen, selbst wenn beispielsweise eine wörtliche Übertragung vom Sanskrit ins Deutsche nachzulesen ist.

Für Menschen, die ohne spezielle Lehrerin oder ohne Guru auf dem Weg sind und die ihr Mantra selbständig wählen, ist es am besten, wenn sie sich für ein einfaches Mantra entscheiden – zum Beispiel für einen der Namen Gottes oder für ein hoch schwingendes Wort wie *Liebe*. Der japanische Forscher Emoto, von dessen Experimenten mit Wasser eingangs die Rede war, berichtete in einem Vortrag, daß sich bei seinen Untersuchungen die Formel *Liebe und Dankbarkeit* in verschiedenen Sprachen als das stärkste Mantra erwiesen hat.

Machen Sie es sich also leicht, indem Sie beispielsweise „nur" den Namen *Jesus Christus* als Mantra üben. Die Menschen in allen Kulturen der Welt haben die Erfahrung gemacht, daß die Namen des Göttlichen eine Art Zuflucht und Schutz bieten. Man verwendet sie deshalb auch für Stoßgebete. Sie als Mantra zu rezitieren bedeutet, sich gelassen und vertrauensvoll in Resonanz mit einer höheren Macht zu begeben und deren Wesen in sich selbst zu wecken. Nichts ist stärkender und erhebender, als sich am Höchsten auszurichten.

Doch vielleicht erscheint Ihnen die Wahl eines der traditionellen Mantras noch zu sehr vom Kopf gesteuert. Möglicherweise haben Sie ja eine besondere Beziehung zu bestimmten Silben und Klangmelodien. Probieren Sie es einmal vorbereitend mit einem Toning: Suchen Sie sich ein ungestörtes Plätzchen, und lassen Sie die Töne, die in Ihrer Kehle oder in Ihrem Bauch oder in Ihrer Brust stecken, einfach heraus. Mit diesem freien, spontanen Singen von Vokalen oder Silben bringen Sie Ihren Körper zum Vibrieren. Sie massieren ihn auf diese Weise mit Klangschwingungen und lösen so Blockaden. Spannungen und Schmerzen können damit weggesungen werden. Wundern Sie sich nicht, wenn es anfangs auch schrille, kreischende, seltsame und furchterregende Töne sind, die in Ihnen aufsteigen. Wenn Sie schließlich den Ton finden, der in Resonanz zu den Verkrampfungen steht, öffnet sich nach und nach der Blick nach innen. Mit ein wenig Übung und Ausprobieren werden Sie damit auch kraftvolle harmonische Töne oder Vokalkombinationen finden, die Sie dann eine Zeitlang wie ein Mantra üben können.

Durch das Toning befreien Sie Seelenenergien und geben ihnen Ausdruck. Damit zeigen Sie stets auch etwas von dem göttlichen Funken in Ihnen und erweisen Ihrer göttlichen Seelenkraft Achtung und Ehre. Im Chassidismus, der mystischen Bewegung im Judentum, wird übrigens Gott nicht nur mit Worten, sondern vor allem auch mit dem Singen von Silben gepriesen. Das melodische Singen von Vokalen ist eine Form, sich ganzheitlich mit dem Göttlichen zu verbinden. Diese spirituelle Übung nennt sich Nigun (von *nigunim* = Melodie).

Bei der Suche nach Ihrem Mantra sollten Sie das Naheliegendste nicht vergessen: Bitten Sie um Hilfe. In der Meditation, vor dem Einschlafen, im Gebet können Sie darum bitten, zu Ihrem Mantra geführt zu werden. Halten Sie dann Augen und Ohren offen, denn Sie werden Hinweise bekommen – durch Freunde, ein Buch, merkwürdige Zufälle, Träume, den hingeworfenen Satz eines Kollegen. Vielleicht taucht auch plötzlich ein Lehrer auf, der Ihnen den Weg weist.

### Sich einstimmen – eine Übung

Eine sehr einfache, heilsame und erhellende Übung ist, jedes einzelne Chakra zu fragen, welchen Ton oder welches Wort es braucht. (Eine Abbildung mit den Namen und Positionen der sieben Hauptchakras finden Sie zur Orientierung auf Seite 46/47.) Ziehen Sie sich dafür mit Stift und Papier an einen ruhigen Platz zurück. Setzen Sie sich aufrecht auf einen Stuhl, und legen Sie die Schreibutensilien in bequeme Reichweite. Entspannen Sie sich nun mit einem tiefen Ausatmen und anschließend mit ein paar bewußten, ruhigen Atemzügen. Schreiben Sie dann auf Ihren Notizblock Ihre Frage, die sie nacheinander jedem einzelnen Chakra stellen:

*Welchen Ton brauchst du, welches Wort der Stärke?*

Achten Sie darauf, daß Sie genügend Papier haben, um die Antwort, die Ihnen zu jedem Chakra in den Sinn kommt, zu notieren.

Wenden Sie Ihre Aufmerksamkeit nun wieder nach innen, um in der Vorstellung mit Ihren Chakras Verbindung aufzunehmen. Es ist ganz leicht, auf geistigem Weg zu Informationen zu empfangen.

Betrachten Sie die Übung als Spiel; das hilft Ihnen, locker zu bleiben und Ihren Impulsen und Ihrer inneren Stimme zu vertrauen. Atmen Sie ganz ruhig, und lassen Sie alle anderen Gedanken einfach weiterziehen.

1. Richten Sie Ihre Aufmerksamkeit auf das Wurzel- oder Basis-Chakra zwischen After und Geschlechtsteilen. Atmen Sie einige Male ruhig ein und aus. Versuchen Sie, Ihre Gedanken und Ihre Energie ohne große Anstrengung dorthin zu lenken. Wenn Sie glauben, dort angekommen zu sein, stellen Sie innerlich Ihre Frage: *Welchen Ton brauchst du, welches Wort der Stärke?* Lauschen Sie nach innen, und singen Sie dann spontan den Ton oder die Töne, die kommen wollen, laut aus sich heraus. Vielleicht liegt Ihnen plötzlich auch noch ein Wort oder eine Zeile auf der Zunge. Was immer es ist, sagen Sie es laut. Es mag auch sein, daß sich kein Wort einstellt. Vielleicht braucht das Chakra ja im Augenblick keines.

Scheuen Sie sich nicht, einen Ton wirklich zu singen, wenigstens leise. Es müssen keine „schönen" Töne sein. Wichtig ist, daß sie „echt" sind. Sie werden sofort spüren, daß authentische Töne, die ungefiltert aus Ihrem Innern herauskommen, eine starke Kraft haben – selbst wenn es für Sie höchst ungewohnte Klänge und Laute sein sollten und dieses Tönen und Brummen Ihnen in der Situation ein wenig albern erscheinen mag. In jedem Fall ist ein freies Toning wohltuend.

Halten Sie auf Ihrem Notizblock unter Punkt 1 schriftlich fest, was das erste Chakra braucht: den Ton, zum Beispiel ein tiefes UAM, und das Wort, das zu Ihnen kam. Gehen Sie dann zum nächsten Chakra weiter.

2. Schicken Sie Ihre Gedanken zum Sakral- oder Sexual-Chakra, das eine Handbreit unterhalb des Bauchnabels liegt. Atmen Sie ruhig in das Chakra hinein. Dann stellen Sie Ihre Frage: *Welchen Ton brauchst du, welches Wort der Stärke?* Singen oder sprechen Sie die Antworten mit lauter Stimme, und notieren Sie sie.

In gleicher Weise werden alle übrigen Chakras befragt:

3. Das Solarplexus-Chakra oberhalb der Magengrube.
4. Das Herz-Chakra in der Mitte des Brustbeins.
5. Das Kehl-Chakra im Hals.
6. Das Stirn-Chakra oder Dritte Auge zwischen den Brauen.
7. Das Scheitel- oder Kronen-Chakra auf dem Kopf.

Wenn Sie alle Chakras befragt und ihre Antworten gesungen, ausgesprochen und notiert haben, spüren Sie noch einen Moment nach. Dann sammeln Sie sich wieder und setzen mit einem tiefen Ein- und Ausatmen einen Schlußpunkt und beenden die Übung.

Falls es beim ersten Mal mit dem Frage-und-Antwort-Spiel noch nicht so gut klappt, sollten Sie es bei nächster Gelegenheit wieder probieren. Vielleicht waren Sie diesmal zu befangen oder abgelenkt. Überhaupt ist es nützlich, die Übung in Abständen zu wiederholen, denn die Chakras werden immer wieder einmal andere Klangnahrung brauchen.

Wahrscheinlich stellen Sie spätestens nach dem Üben beim Lesen Ihrer Notizen fest, daß jedes Chakra eine andere Energie besitzt und eine andere Ebene darstellt, was sich durch die Wahl des Klangs und des Wortes spiegelt. Es kann sein, daß das Kraftwort des Herz-Chakras oder des Kronen-Chakras für Sie die Qualität eines Mantras hat. Vielleicht ist ein Wort wie *Liebende Einheit* für Sie das Mantra, das Sie durch die nächste Zeit trägt und bei Veränderungen hilft. Oder ein Kunstwort wie *IMA*, das Ihnen beispielsweise bei der Konzentration auf das Kehl-Chakra einfiel, hat für Sie einen heiligen, transformierenden Klang und wird eine Zeitlang zu Ihrem Mantra.

All das mag bei der Übung herauskommen. In erster Linie können Sie sie jedoch dazu nutzen, mit Klang zu experimentieren und ein Gefühl für das Mantra als Wort der Macht zu bekommen.

## Brauche ich einen Guru?

Wenn man einen Buddhisten oder Hinduisten fragt, ob wir auf dem Weg zur Erleuchtung einen Lehrer brauchen, ist die Antwort klar: Ohne einen Guru (Sanskrit: Lehrer, „der Ehrwürdige") sind keine wesentlichen spirituellen Fortschritte möglich. Nach traditioneller Vorstellung müssen wir als Suchende für unseren spirituellen Pfad eingeweiht werden, sonst gehen wir in die Irre, und höheres Wissen bleibt für uns unerreichbar. Eine Initiation kann uns jedoch nur eine spirituelle Meisterin, ein spiritueller Meister geben, die oder der in einer ununterbrochenen Überlieferungskette von erwachten Weisheitslehrern steht. So heißt es vereinfachend: Keine Erlösung und Erleuchtung ohne Einweihung, keine Initiation ohne Guru.

Die Tradition verlangt auch für den Gebrauch des Mantras eine Initiation und damit einen Guru, denn das Mantra ist im Hinduismus und Buddhismus ein wichtiger Teil des spirituellen Wegs zur Erleuchtung. Danach wählt sich nicht jeder selbst sein Mantra, sondern das Mantra wird dem Schüler von seinem Lehrer gegeben. Der Schüler vertraut sich dem Guru an, der ihm Führung und Anleitung bietet, der seine Entwicklung lenkend begleitet und der ihm hilft, die Hindernisse auf dem Weg zu meistern.

Nach traditioneller Vorstellung ist der Guru in der Lage, sowohl die Stärken als auch die Schwächen eines Schülers genau zu erkennen. Das von ihm gewählte Mantra, über das der Schüler zu meditieren hat und das er nach Anweisung des Lehrers viele Male rezitieren wird, entspricht dann idealerweise genau dessen Entwicklungsstand und Entwicklungsziel. Es arbeitet an den inneren Mängeln und Blockaden des Schülers; es bringt besondere Aspekte seines Wesens zum Leuchten; es stellt den Schüler auf die Probe; es läutert und festigt ihn. Der Guru vermag demnach besser einzuschätzen, was der Suchende braucht. Er besitzt mehr Erfahrung, Wissen und Überblick, um diese Verantwortung zu übernehmen. Der Schüler folgt im Idealfall den Anweisungen des Meisters voller Respekt, Gehorsam und Demut und beweist damit tiefstes Vertrauen.

Durch den Guru bekommt der Schüler ein „erwecktes" Mantra. Damit ist gemeint, daß das Mantra einer bestimmten Linie oder Tradition entstammt. Es besitzt eine besondere Energie, die nur durch den Guru übertragen werden kann. Nach traditioneller Vorstellung bleibt ein solches Mantra kraftlos, wenn es von einem Nichteingeweihten benutzt wird. Erst durch die Einweihung öffnet sich für den Schüler der Zugang zu dem inneren Klang des Mantras und seinen spirituellen, mystischen Bedeutungs- und Wirkungsebenen.

Bei der Einweihung (*diksha*; *di* = göttliche Qualitäten übermitteln, *ksha* = Hindernisse beseitigen), einer teilweise recht komplizierten Zeremonie, spricht der Guru traditionell das Mantra in das rechte Ohr des Schülers, der das Mantra dann meist geheimzuhalten hat. Interessant ist in diesem Zusammenhang die Feststellung des Klangforschers und -therapeuten Alfred Tomatis, daß Informationen, die über das rechte Ohr aufgenommen werden, direkt in das Sprachzentrum im Gehirn gelangen.

Für westliche Ohren hat das Wort Guru meist keinen guten Klang. Es weckt negative Vorstellungen. Für viele ist es gleichbedeutend mit Abhängigkeit, Unfreiheit, patriarchalischer Autorität, Einengung und Beeinflussung. Wir westlichen Menschen sind dagegen stolz auf unsere persönliche Freiheit und aufgeklärte Unabhängigkeit, die wir nicht aufgeben wollen. Darüber hinaus sind viele, die sich auf den Weg geistiger Entwicklung gemacht haben, froh darüber, daß sie alte Strukturen von Glauben, Verzicht und völligem Gehorsam hinter sich lassen konnten, die sie als einschränkend und bedrückend erlebt haben. Das New Age, der Aufbruch in das Wassermannzeitalter, brachte für viele eine Befreiung von traditionellen Formen der Religiosität und Spiritualität, bei denen herkömmliche, ritualisierte Glaubensbekenntnisse über die direkte, lebendige persönliche Erfahrung des Göttlichen gestellt werden.

Auf die Frage, ob es notwendig sei, auf einen Guru zu warten, der einem das Mantra gibt, oder es selbst zu finden, antwortete die spirituelle Lehrerin Mutter Meera: „Das Mantra, das sich leicht und spontan einstellt, solltest du gebrauchen. Es sollte eine starke Empfindung erzeugen und wie Musik sein, die aus dem Herzen fließt." (*Antworten*, Seite 98) Ob man einen Guru oder Lehrer braucht, um sein Mantra zu finden, es richtig zu rezitieren und daraus spirituellen Gewinn zu ziehen, wird jeder für sich selbst entscheiden müssen. Schließlich gibt es viele Wege der Selbstverwirklichung und Erleuchtung, und es gibt viele Möglichkeiten, sich mit Hilfe des Klangs oder eines bestimmten Mantras Gutes zu tun.

Ein Kriterium für Ihr eigenes Vorgehen kann sein, wie intensiv Sie Ihre Mantra-Praxis gestalten wollen. Hilfe kann Ihnen dabei immer willkommen sein, vielleicht auch in Gestalt eines speziellen Lehrers, in dessen Feld, das sich durch die vielen Meister vor ihm aufgebaut hat, Sie schneller Fortschritte machen können.

Rupert Sheldrake hat die morphischen Felder erforscht. Er gibt zu bedenken, daß diese Felder nicht notwendigerweise konservativ sind, d.h. das Bestehende nur erhalten wollen, sondern daß ihre Kraft und Verbreitung auch auf ihre Anpassungsfähigkeit zurückzuführen ist. Alles Starre hat demnach weniger gute Chancen zu überdauern als das Bewegliche, das auch schöpferische Entwicklungssprünge und Verbindungen zuläßt. Manche Traditionen oder Schulen könnten Ihnen also gar nichts bringen, weil sie zu den großen kollektiven Wachstumsschritten, die inzwischen gemacht wurden und in denen wir gerade mittendrin stecken, keine Beziehung mehr haben.

Wenn Sie glauben, daß eine Mantra-Praxis nur sinnvoll ist, wenn Sie Ihr Mantra ganz klassisch von einem Guru bekommen, dann halten Sie nach ihm Ausschau. Bitten Sie um Hilfe, den richtigen Lehrer zu finden. Es gibt sogar ein Mantra, das Sie zu ihm oder ihr führen kann. Swami Sivananda Radha empfiehlt in ihrem Buch *Mantras of Power*, das Mantra *Om Krishna guru* zu rezitieren. Sie können mit dem Mantra oder mit Bittgebeten eine starke Resonanz herstellen, so daß der Meister, die Meisterin schließlich in Ihr Leben tritt.

Doch ob Sie sich nun der Führung eines Lehrers anvertrauen und sich von ihm Ihr Mantra geben lassen oder ob Sie sich selbständig Ihr Mantra suchen – im Laufe der Beschäftigung mit dem Mantra werden Sie sicher genau wie jeder andere „Schüler" immer wieder einmal von starken Zweifeln geplagt. Sie zweifeln dann, ob Sie die richtige Entscheidung getroffen haben, ob Ihr Mantra überhaupt wirkt, ob Sie es richtig rezitieren, ob sich mit dieser Methode jemals etwas zum Besseren wenden kann, ob Sie nicht Ihre kostbare Zeit und Energie verschwenden, ob Ihr Vertrauen gerechtfertigt ist.

Mehrere Anekdoten schildern, worauf es in Wirklichkeit ankommt. Da wird in verschiedensten Versionen erzählt, wie jemand von einem Meister in ein Mantra eingeweiht wird, das Mantra aber akustisch nicht richtig versteht. Statt „sein" Mantra richtig anzuwenden, rezitiert der Schüler nun unwissentlich mit Inbrunst ein Nonsens-Mantra, und das mit bestem Erfolg. Das „falsche" Mantra bringt dem Schüler einen großen spirituellen Entwicklungsschub; er fühlt sich erfüllt, zufrieden und erhoben. Als der Meister nach einiger Zeit die Fortschritte seines Schülers prüfen will, muß er erkennen, daß nicht das ehrwürdige, heilige Mantra Wirkung entfaltet hat, sondern allein die Aufrichtigkeit, Beharrlichkeit und Hingabe des Schülers, mit der dieser die Übung praktiziert hat.

## Wie wende ich mein Mantra an?

Nach traditioneller indischer Auffassung wirken Mantras durch geistigen Klang (*nada*). Wenn wir Mantras sprechen, sollte es uns gelingen, uns aufzuschwingen, uns in Einklang mit unserer Herz- und Seelenkraft zu bringen. Mit der Zeit sollten wir dabei jenen inneren, geistigen Ton treffen und ihn mit dem äußeren Wort verbinden. Das Mantra entfaltet dann in dieser Form der Meditation seine höchste Wirkung.

In Indien lebt die Vorstellung, daß die Mantras der Veden nicht von Menschen erdacht, sondern von den Göttern empfangen wurden. Sie gelten deshalb als heilige Instrumente, die direkt aus der Quelle des Höchsten und Ewigen stammen. Um diese Mantras zu hüten und die Reinheit der Überlieferung zu gewährleisten, entstanden strenge Regeln zur Anwendung und Weitergabe.

Das falsche Rezitieren eines Mantras wäre somit nach traditioneller Auffassung ein schwerer Fehler – wie überhaupt viele Ge- und Verbote mit dem Gebrauch des Mantras verbunden sind. Die Regeln weichen jedoch je nach Schule und Tradition voneinander ab, wie auch die Aussprache eines Mantras zum Teil regional unterschiedlich ist. Das mag einen westlichen Menschen beruhigen, der in einer anderen Kultur aufgewachsen ist, deshalb um bestimmte Regeln nicht weiß und sie auch gar nicht lernen kann, falls er sich nicht unter die Fittiche eines Gurus begeben will. Abgesehen davon haben die meisten von uns auch gar nicht die Möglichkeit, in ihrer Umgebung einen Meister des Mantras zu finden, der sie persönlich unterweisen könnte.

Westliche Menschen ziehen es meist vor, Mantras freier anzuwenden und mit Wort und Klang zu experimentieren. Allerdings sollte sich jeder stets bewußt sein, daß Mantras auch dann etwas Heiliges und Hochschwingendes sind, das Respekt und Achtsamkeit verdient, wenn wir sie ganz unbekümmert bei der Hausarbeit singen.

Beim einfachen Rezitieren können wir mit Mantras jedoch nicht viel falsch machen. Falls wir Mantras geringschätzen, wäre das lediglich für uns bedauerlich, denn wir würden eine gute Gelegenheit verpassen, vergleichsweise einfach und schnell mehr Licht in unseren Alltag zu bringen. Ein Mißbrauch des Mantras und seiner Kraft ist auf der allgemeinen, populären Ebene (auf der auch dieses Buch seine Aussagen trifft) gar nicht möglich. Die einzige Gefahr könnte darin bestehen, sich voll überzogener Heilserwartungen an ein Mantra zu klammern, statt sich im Krankheitsfall in eine ärztliche Behandlung zu begeben oder sich bei schweren inneren Konflikten oder Ängsten therapeutische Hilfe zu holen. Sich daraus ergebende Probleme wären dann aber nicht dem Mantra und seiner spirituellen Tradition anzulasten, sondern der eigenen Uneinsichtigkeit.

Eine der elementaren Anwendungsregeln heißt also, mit Mantras achtsam umzugehen. Das bedeutet unter anderem, das gewählte Mantra für sich zu behalten und es nicht vor anderen zu zerreden. Über sein Mantra Stillschweigen zu bewahren hat hier den Sinn, die mit dem Mantra verbundene und durch das Mantra aufgebaute Energie zusammenzuhalten. Verschwiegenheit muß aber nicht in Geheimniskrämerei ausarten. Natürlich darf man über Mantras sprechen. Viele ziehen es ja auch vor, gemeinsam mit anderen Mantras zu singen. Aber in der Regel ist es besser, erst einmal einige Erfahrungen mit seinem Mantra zu sammeln und sich an diese Form der spirituellen Praxis zu gewöhnen. Das Mantra kann so besser in uns Wurzeln schlagen.

Mit dem Mantra achtsam umzugehen bedeutet auch, sich vor dem meditativen Rezitieren oder Singen zu reinigen. Das kann ein kleines Ritual des Händewaschens, der Visualisierung von weißem Licht, einiger klärender Atemzüge oder des Umkleidens nach der Arbeit sein. Sie signalisieren damit sich selbst und der geistigen Welt, daß Sie bereit sind. Die Reinigung zeigt auch an, daß Sie nun die Alltagsebene verlassen und sich etwas Besonderem und Kostbarem zuwenden. Falls Sie Ihr Mantra unterwegs oder am Arbeitsplatz innerlich wiederholen, können Sie sich, statt sich äußerlich zu reinigen, auf einen Moment der inneren Besinnung beschränken. Nach dem Rezitieren ist es wohltuend und sinnvoll, dem Klang des Mantras einen Moment nachzuspüren.

Mit dem Mantra schließen Sie sich in gewisser Weise rituell an die große schöpferische Quelle an. Sie senden einen Ruf aus und treten in Resonanz zum ordnenden Klang, der den Kosmos durchzieht. Das Natürlichste ist dann, sich innerlich zu öffnen, sich den hindurchfließenden Energien hinzugeben und sich vom Klang heilen, trösten, aufbauen und verändern zu lassen.

Mantras werden viele Male regelmäßig wiederholt. Sie sollen durch das wiederholte Rezitieren oder Singen alle grob- und feinstofflichen Körper Schicht um Schicht durchdringen. Der Klang des Mantras wird auf diese Weise tief in uns hineinsinken und uns „durchputzen", läutern und wandeln, so daß wir schließlich die in uns liegende Wahrheit erkennen können. Indem das Mantra durch die vielen Wiederholungen immer tiefer zu unserem Kern durchdringt, weckt es, je nach seiner Klangschwingung, bestimmte psychische Kräfte und göttliche Seelenanteile. Es regt die Lebensfreude an. Dabei kommt es neben körperlichen auch zu emotionalen Reaktionen sowie zu übersinnlichen Wahrnehmungen. Je konzentrierter und öfter wir das Mantra sprechen, desto intensiver wird die Resonanz zu den hoch schwingenden, bewußtseinserweiternden und transformierenden Energien hergestellt, und desto schneller zeigen sich Ergebnisse.

Das Rezitieren von göttlichen Namen und heiligen Formeln wird in Indien Japa genannt. Japa ist eine Form der Meditation und ist vergleichbar mit der im Islam geübten Anrufung der Namen Gottes (*dhikr*) oder dem immerwährenden Gebet der Frühchristen. Arthur Avalon drückt es sehr anschaulich aus: „Japa wird mit der Handlung eines Menschen verglichen, der einen Schlafenden aufrüttelt, damit er wach wird." (*Shakti und Shakta*, S. 316)

Japa wird am besten in einer entspannten Sitzposition mit geradem Rücken praktiziert. Dazu können Sie sich auf einen Stuhl setzen; es ist nicht notwendig, auf dem Boden den Lotossitz einzunehmen. Wichtig ist die aufrechte Haltung. Um sich zu strecken und die Wirbelsäule aufzurichten, stellen Sie sich vor, daß Sie am Scheitel sanft in Richtung Himmel gezogen werden. Das Kinn ist dabei nicht in die Luft gereckt, sondern leicht nach unten gegen den Hals gedrückt. Dasselbe gilt für das Mantra-Rezitieren im Stehen oder Gehen. Auch wenn Sie krank sind und Japa nur im Liegen praktizieren können, sollten Sie nach Möglichkeit darauf achten, auf dem Rücken liegend das Kinn etwas zur Brust zu ziehen, so daß die Hals- und Brustwirbelsäule sanft gestreckt wird.

Sobald Sie bequem sitzen und sich innerlich gesammelt haben, beginnen Sie, Ihr Mantra zu sprechen.

In Indien werden vier Formen von Japa unterschieden:

1. Das laut hörbare Rezitieren oder Chanten des Mantras (*vaikhari japa*). Das laute Rezitieren ist die beste Möglichkeit, sich mit einem Mantra vertraut zu machen. Sie können es in einem regelmäßigen Rhythmus sprechen oder singen; sie können es mal lauter oder mal leiser anstimmen. Sie spüren die Vibrationen der Töne schließlich im ganzen Körper. Falls Sie Ihr Mantra eine Zeitlang zu Hause laut rezitiert haben, werden Sie spüren, daß auch das Zimmer mit einer höheren Energie aufgeladen ist. Beim lauten Sprechen wird es Ihnen am leichtesten fallen, sich über längere Zeit auf das Mantra zu konzentrieren.

2. Das tonlose, geflüsterte oder gesummte Rezitieren, wobei sich nur die Lippen bewegen (*upamsu japa*). Nicht immer ist es möglich, das Mantra laut zu rezitieren, zum Beispiel wenn Sie in einer Schlange vor einem Schalter stehen und sich auf Ihr Mantra konzentrieren wollen, statt sich über das Warten und die ungeduldigen Menschen hinter Ihnen aufzuregen. Das laut-

lose Rezitieren wird darüber hinaus auch als eine feinere Stufe von Japa angesehen. Beim Japa können Sie das Mantra übrigens abwechselnd eine Weile laut und dann wieder tonlos rezitieren, um über einen längeren Zeitraum des Rezitierens konzentriert zu bleiben.

3. Die lautlose, rein gedankliche Wiederholung des Mantras (*manasa japa*). Das geistige Japa gilt als wirksamste Form der Mantra-Praxis. Es ist jedoch eine fortgeschrittene Technik, da Ungeübte die Konzentration meist nicht sehr lange aufrechterhalten können. Das Mantra nur in Gedanken zu sprechen ist eine wunderbare Möglichkeit, im Alltag jederzeit gelassen ganz bei sich selbst zu bleiben und dabei im wahrsten Sinn des Wortes hochgestimmt zu sein.

4. Die schriftliche Wiederholung des Mantras (*likhita japa*). Man schreibt das Mantra viele Male hintereinander auf Papier oder in ein speziell dafür bestimmtes Notiz- oder Tagebuch. Immer wieder das eine Mantra niederzuschreiben mag Sie zunächst an eine altmodische Disziplinierungsmaßnahme aus der Schule erinnern, doch ist es hier keine Strafarbeit, sondern eine vorzügliche Meditationsübung und Konzentrations- sowie Zentrierungshilfe. Viele Menschen prägen sich zudem Dinge leichter ein, nehmen sie auf und dringen zu ihrer Bedeutung vor, wenn sie sie schriftlich festhalten. Äußeres Handeln verbindet sich so mit geistiger Bewegung.

Bei fortgeschrittenen Schülern des Mantra-Rezitierens stellt sich das automatische Japa (*ajapa*) ein. Das heißt, daß sich Japa dann von selbst vollzieht, ohne ausgesprochen zu werden. Diese

Erfahrung macht auch der Erzähler in dem Buch *Aufrichtige Erzäh-*
*lungen eines russischen Pilgers* mit der Technik des immerwährenden
Herzensgebets. Er berichtet : „... ich hatte mich so sehr an das
Herzensgebet gewöhnt, daß ich mich ununterbrochen darin übte;
und endlich fühlte ich, daß das Gebet sich ganz von selbst ohne ir-
gendeine Nötigung meinerseits in mir verrichtete und von Geist
und Herz nicht nur im wachen Zustande verrichtet wurde, sondern daß es sogar im Schlaf genau so wirkte und durch nichts un-
terbrochen wurde, nicht für den geringsten Augenblick, gleichviel,
was ich tun mochte." (S. 60)

Japa ist die klassische Methode, mit Beharrlichkeit und Hingabe die im Mantra gebundene Energie zu lösen, sie in sich arbeiten
zu lassen und so zur Erkenntnis zu gelangen. Der große indische
Weise Ramana Maharshi erklärt es so: „Der Zweck des Mantra-
Japa ist zu erkennen, daß dieses Japa bereits anstrengungslos in einem vorgeht. Hörbares Japa wird innerlich, und das innere Japa
enthüllt sich schließlich als ewig vorhanden. Dieses Mantra ist das
wahre Wesen des Menschen. Es ist auch der Zustand der Verwirk-
lichung." (*Sei, was du bist*, S. 162)

## Wann, wie oft und wie lange?

Mantras sind eigentlich unsere „Hintergrundmusik". Schon der Atem als unser elementares Mantra, das wir mit der Geburt als erste Einweihung in diesem Leben bekommen, begleitet uns in jeder Minute unseres Daseins auf der Erde. Doch es gibt für die Japa-Praxis besonders gut geeignete Zeitpunkte, zu denen eine hohe Energie schwingt. Nicht nur im alten Indien wußten die Weisen, daß die Übergangsphasen der Tageszeiten von starken Kräften regiert werden. Auch jeder Mensch, der sich nur ein wenig Zeit zum Hinspüren nimmt, kann wahrnehmen, daß vor allem der Sonnenaufgang und Sonnenuntergang Phasen mit einer besonderen Kräftekonstellation sind. Unter anderem erleichtern solche Übergangszeiten die Öffnung für die geistige Welt und die Aufnahme von kosmischen Energien. Die traditionelle Empfehlung ist, dreimal täglich Japa zu üben und dafür die Morgen- und Abenddämmerung sowie den Mittag, jene Zeiten des Übergangs mit hoher Energie, vorzusehen.

In den alten indischen Texten finden sich Angaben zur Zahl der Wiederholungen pro Übungseinheit, und sie werden dem Schüler vom Guru individuell vorgeschrieben. Die Faustregel besagt: Je öfter, desto besser. Jedes Rezitieren erzeugt Energie und verstärkt die bereits angesammelte Energie, die dem Rezitierenden hilft, sich zu entfalten und Fortschritte zu machen. Mantras wie das *Gayatri* oder *Om namah Shivaya* insgesamt 125 000 Mal zu wiederholen, was mehrere Jahre in Anspruch nimmt, wird beispielsweise dem Übenden die Gnade des Höchsten sichern, so heißt es anspornend.

Entweder wird beim Japa die Zahl der Wiederholungen vorab festgelegt und die Ausführung dann auch mit Hilfe der Gebetskette (siehe auch unter „Hilfsmittel" ab Seite 94) kontrolliert. Die Zahl der Mantra-Rezitationen entspricht dann der Zahl der Perlen der Gebetskette. Der katholische Rosenkranz umfaßt 50 Perlen, eine buddhistische Gebetskette hat 108 Perlen. Üblicherweise wird in der hinduistisch-buddhistischen Tradition ein Mantra also mindestens 108mal wiederholt – in besonderen Fällen auch 1008mal oder eine andere Zahl mit numerologischer Bedeutung. Allen Zahlen wird, je nach Kultur, auch eine symbolische Aussage und besondere Energie zugeschrieben, so daß verschiedene Traditionen und Schulen, die mit Mantras arbeiten, eine besondere, auf den einzelnen abgestimmte Zahl von Wiederholungen vorschreiben.

Man kann sich sowohl eine bestimmte Anzahl von Wiederholungen des Mantras vornehmen oder eine bestimmte Zeitspanne für die tägliche Mantra-Praxis ansetzen:

· Wer sich ernsthaft auf ein Mantra einlassen will und bereit ist, beharrlich Japa zu üben, sollte für die Dauer von drei Monaten täglich etwa zwanzig bis dreißig Minuten lang sein Mantra rezitieren.

· In der Transzendentalen Meditation, die die Meditation und das Mantra in den 1960er Jahren im Westen bekannt gemacht hat, wird der Schüler dazu angehalten, zweimal täglich zwanzig Minuten Japa zu praktizieren.

· Der Benediktinermönch und Mantra-Experte John Main empfiehlt, das Mantra täglich morgens und abends eine halbe Stunde lang zu sprechen.

Abgestufte Zeitangaben und Berechnungen, wie oft ein Mantra im Rahmen einer speziellen, intensiven Japa-Praxis gesprochen werden muß, um die schlummernde Energie des Mantras zu wecken,

findet man zum Beispiel in dem Buch von Swami Vishnu Devananda (*Meditation und Mantras*, Seite 106). Doch eignen sich solche
eher asketischen Praktiken nicht für durchschnittliche Menschen,
die berufstätig sind oder einen Haushalt zu versorgen haben. Man
sollte auch immer bedenken, daß Japa ein Hilfsmittel ist und nicht
Selbstzweck oder Flucht aus der Welt mit ihren Verpflichtungen und
Herausforderungen. Sobald sich außerdem Ehrgeiz und Leistungs-
denken einschleichen, sollten Sie versuchen, solche selbst auferleg-
ten Beschränkungen und Auswüchse wieder abzustreifen. Letztlich
ist nicht die Quantität entscheidend, sondern die Qualität Ihrer
Annäherung an das Mantra und die Welt des Klangs.

Es ist für viele sinnvoll, sich zu Beginn der Beschäftigung mit
dem Mantra ganz konkret vorzunehmen, wie sie damit umgehen
wollen, dazu gehört auch, sich einen bestimmten zeitlichen Rahmen abzustecken. Durch tägliches intensives Japa werden Sie
schnell Veränderungen und Fortschritte feststellen. Es kann sein,
daß es Ihnen sogar entgegenkommt, sich einen solchen festen
Rahmen zu schaffen.

Doch bleiben Sie gelassen, wenn Sie damit nicht zurechtkom-
men. Wiederholen Sie ganz einfach jeden Tag Ihr Mantra immer
dann, wenn sich dafür spontan eine Gelegenheit ergibt. Wir brauchen beim Mantra-Rezitieren zwar, wie so oft im Leben, ein bißchen Verbindlichkeit, damit etwas in Gang kommen und anschließend verläßlich funktionieren kann. Aber wir sollten unsere
Offenheit nicht verlieren und zuerst auf unseren inneren Guru hören. Anders gesagt: Es bringt uns gar nichts, nur über Mantras
nachzudenken, wir müssen sie auch sprechen, singen und in unsere Meditation aufnehmen. Doch wir haben die Freiheit, den Um-

gang mit Mantras zu gestalten und unsere Japa-Praxis auf unsere Bedürfnisse und Möglichkeiten zuzuschneiden. Wir leben zudem in einer Welt, die durch einen schnellen Wechsel der Energien geprägt ist, so daß Zeitvorgaben immer wieder angepaßt werden müssen.

## Gelegenheiten, das Mantra zu sprechen

In der indischen Spiritualität hat Japa seinen festen Platz. Nach hinduistischer Vorstellung vermag sich ein Mensch allein durch Japa von Karma zu befreien und Erleuchtung zu erlangen. Das Rezitieren von Mantras gehört deshalb für spirituelle Menschen zu den täglichen Pflichten. Mantras werden im Osten darüber hinaus im Rahmen von Opferzeremonien und Ritualen eingesetzt. Durch Mantras werden Kultgegenstände gereinigt und mit Energie aufgeladen, und mit ihrer Hilfe wird Kultbildern Leben eingehaucht. – Auch hier erkennen wir, daß Mantras auf sehr vielen verschiedenen Ebenen ihre Kraft entfalten und daß es eine Fülle von Möglichkeiten und Gelegenheiten gibt, mit dem Geist und seelischer Kraft zu wirken.

Für uns westliche Menschen kann das Mantra ein einfacher Weg sein, sich an unsere spirituellen Kräfte zu erinnern, diese mitten im Alltag wieder zum Fließen zu bringen und durch diese Kräfte zur Harmonie zurückzukehren. Das Mantra weckt Lebensfreude, Hoffnung, Zuversicht, Mitgefühl für alle Wesen und viele andere höhere Tugenden und Wahrheiten, so daß es uns in allen Lebenslagen eine Unterstützung und Orientierung bietet. Wie jede andere Form der Meditation stärkt das Mantra-Rezitieren vor

allem die sechste Ebene der Aura. Sie wird von der Heilerin Barbara Ann Brennan als Ebene der göttlichen Liebe, der spirituellen
Freude, Seligkeit und Ekstase sowie der Verbundenheit mit allem,
was ist, bezeichnet.

Es gibt viele Gelegenheiten und Situationen, sich auf sein
Mantra zu besinnen und es zu rezitieren. So zum Beispiel ...

- vor wichtigen Entscheidungen;
- um eine schwierige Lebensphase im Einklang mit dem höheren
  Willen zu meistern;
- zur Einstimmung auf ein Vorhaben und wenn man etwas zum
  erstenmal macht;
- vor Yoga-Übungen;
- bei Angst und Unruhe;
- bei Niedergeschlagenheit, Trauer;
- in Hochstimmung;
- zum Dank, wenn etwas eingetroffen oder gelungen ist;
- um einer Versuchung zu widerstehen und nicht immer wieder
  in dieselbe Falle zu tappen;
- bei Unsicherheit, Nervosität, Lampenfieber und Schüchternheit;
- bei Verletzungen;
- um innezuhalten und aus der Vergangenheit oder Zukunft in
  die Gegenwart zurückzukommen;
- statt zu grübeln;
- um Gelassenheit und Zuversicht zu stärken;
- bei Krankheit;
- auf einem Spaziergang;
- für werdendes Leben;
- für Sterbende;

- als privater Gottesdienst;
- bei einem Unfall;
- für andere in Not;
- vor dem Essen;
- bei Schlaflosigkeit;
- um mit den Engeln zu singen;
- um die Kundalini zu erwecken;
- um sich mit seinem Höheren Selbst zu verbinden;
- an besonderen Feier- oder Gedenktagen;
- zu Beginn der Meditation.

Mantras sind ein Werkzeug des Geistes, das in der Stille gebraucht wird. Mantras lassen sich aber auch außerhalb der Meditation beim Arbeiten, Warten, Gehen, Laufen rezitieren. Immer wenn Sie spontan den Impuls verspüren, ein Mantra zu singen oder zu sprechen, sollten Sie das auch in die Tat umsetzen. Mantras zu singen ist die beste Form, Ihre Batterien aufzuladen und sich an Ihrer Verbundenheit mit höheren schöpferischen Kräften zu freuen.

Mantras verlangen Inbrunst und Gefühl, um sich entfalten zu können. Die Macht des Wortes und des Klangs erfahren Sie, wenn Sie das Mantra aus der Tiefe der Seele, innig, voll Vertrauen und Liebe sprechen oder ein Toning anstimmen. Entscheidend ist, daß Sie aufrichtig bei der Sache sind. Ernsthaftigkeit, Ehrfurcht und Konzentration sind beim Mantra-Rezitieren oder -Singen durchaus erstrebenswert – freudige, liebevolle Hingabe an den Klang, an Rhythmus und Melodie sind noch besser.

Indem Sie sich dem reinen Klang zuwenden und sich von dem Rhythmus tragen lassen, können Sie sich öffnen und durchlässig werden. Sie werden zu einem Kanal für höhere Energien, denen Sie sich überantworten dürfen. Sie brauchen nicht den Verstand zu bemühen; er wird Ihnen beim Mantra-Sprechen oder -Singen keine Hilfe sein. Sie brauchen auch nichts anderes zu tun, als das Mantra erklingen zu lassen. Beim Mantra-Rezitieren gibt es damit nichts, was verstandesmäßig erfaßt, herbeigewünscht, geplant oder „bestellt" werden müßte wie etwa bei magischen Formeln, Bittgebet oder Affirmationen. Vielmehr überlassen Sie sich den Kräften der höheren Weisheit Ihrer Seele und des Göttlichen, die sich nun in Klang ausdrücken.

Das mag kompliziert klingen, ist es aber nicht. Rezitieren oder singen Sie Ihr Mantra oder Ihren Ton aus dem Herzen heraus, so unbefangen, direkt, unschuldig und absichtslos wie ein Kind. Alles andere entwickelt sich von selbst.

### Das Mantra – eine Herzübung

Stellen Sie sich vor, daß Sie sich beim Rezitieren von Mantras – ob laut oder leise – in einen besonderen inneren, seelischen Raum begeben und daß Sie dabei den Ort finden, wo das Reine, Wahre, Göttliche in Ihnen wohnt. Von dort heraus sprechen Sie das Mantra.

Machen Sie sich bewußt, daß Sie das, was Sie mit dem Klang ausdrücken, schon sind und nicht erst werden müssen.

Der innere Ort, von dem aus Sie das Mantra sprechen, ist Ihr spirituelles Zentrum. Es ist Ihr Herz-Chakra. Um es auf geistigem Weg zu finden, konzentrieren Sie sich einfach auf die Mitte des Brustkorbs – dorthin, wo Sie unwillkürlich Ihre Hand legen, wenn Sie Liebe und tiefste Betroffenheit verspüren.

Nach der Chakra-Lehre verwandelt sich die dynamische Shakti-Kraft im Herzzentrum in Klang.

Mit der Zeit wird es Ihnen immer leichter fallen, diesen inneren Raum, Ihr Allerheiligstes, aufzusuchen und bewußter aus dem Herzen zu leben.

Ein in den Schriften durchaus widersprüchlich behandeltes Thema ist das der richtigen Aussprache des Mantras. Bringt es etwa Unheil, wenn ich ein Sanskrit-Mantra unwissentlich falsch rezitiere? Was ist, wenn ich beim besten Willen bestimmte Laute nicht exakt wiedergeben kann, genauso wie ich beispielsweise nicht akzentfrei Englisch zu sprechen vermag? Haben Mantras für mich dann überhaupt noch einen Sinn?

Die richtige Aussprache heiliger Formeln war und ist für Rituale wichtig, die in einer bestimmten Traditionslinie gepflegt werden, zum Beispiel die vedischen oder tantrischen Rituale. Ein solcher Gebrauch des Mantras setzt aber immer eine besondere Lehrzeit und Erfahrung voraus, und Sie selbst werden Mantras sicher auf einer anderen Ebene anwenden.

Falls Sie ein Mantra von einem Lehrer oder einer Lehrerin bekommen haben, sollten Sie selbstverständlich die entsprechenden Anweisungen befolgen und auch um Hilfe bitten, wenn Sie unsicher sind. Darüber hinaus können Sie getrost den Anspruch aufgeben, um jeden Preis die einzig richtige Aussprache finden zu müssen.

Die Aussprache von Mantras ist oft nicht nur je nach spiritueller Schule und Traditionslinie etwas verschieden. Sie hat sich auch im Lauf der Zeit verändert. So ist es fraglich, ob das heutige Sanskrit wirklich in allen Nuancen hundertprozentig der heiligen Sprache der Rishis entspricht.

Zudem wechselt die Aussprache von Mantras regional. Das Mantra *Om mani padme hum* wird zum Beispiel in Tibet *Om mani peme hung* ausgesprochen, ohne daß es weniger wirksam und ehrfurchtgebietend wäre. Gleichermaßen haben Bija-Mantras im Tibetischen einen anderen Klangakzent. Die heilige Silbe *Om* oder *Aum*, ertönt in China als *Ang* oder in Japan eher als *Ong*. Das Herz-Sutra, das man im Ganzen oder in Teilen wie ein Mantra rezitiert, wird nicht nur auf Sanskrit, sondern auch auf Japanisch gesprochen – unter anderem von Menschen, deren Muttersprache Deutsch ist und die die Feinheiten des Sanskrits oder des Japanischen kaum akzentfrei beherrschen.

Die gesprochene Sprache hat vielfältige Ausprägungen. Doch hinter all den Bezeichnungen in den Sprachen und Dialekten der Welt stehen abstrakte einheitliche Ideen. Zum Beispiel existieren für Baum so viele Wörter, wie es Sprachen und Völker gibt. Mit dem jeweiligen Wort wird allerdings immer dieselbe geistige Vorstellung hervorgerufen: eben die eines Baumes. Das ist auch der Grund, warum wir uns über alle Sprachgrenzen hinweg telepathisch verständigen können, denn dabei werden Bilder geistig übertragen. Hinter der gesprochenen Sprache und der inneren Vorstellung oder Form liegt dann der geistige Klang. Ihn zu erreichen ist das eigentliche Ziel.

Um noch einmal auf die Wasserkristall-Forschungen von Emoto zurückzukommen: Hoch schwingende Wörter wie *Frieden* sowie Gebete und Mantras zeigen stets eine Wirkung, wenn man sie ausspricht, singt oder aufschreibt. Je nach Sprache zeigen sich lediglich Abwandlungen desselben positiven Ergebnisses. Das alles heißt für Ihre Mantra-Praxis: Beachten Sie die Regeln, die Ihnen mit dem Mantra gegeben wurden, und bemühen Sie sich, die Aussprache so, wie sie Ihnen vermittelt wurde, zu übernehmen. Falls Sie keinen Lehrer haben, können Sie sich mit der Aussprache und

Intonation fremdsprachiger Mantras mittels Musikkassetten oder CDs vertraut machen. Oder schließen Sie sich einer Gruppe an, die regelmäßig Mantras singt (erkundigen Sie sich in einer Buchhandlung mit esoterischer Abteilung; studieren Sie dort oder in Bioläden die Aushänge, lesen Sie die Anzeigen in regionalen Veranstaltungsblättern mit spiritueller Ausrichtung, die oft in den Buchhandlungen ausliegen).

Ob Sanskrit, Aramäisch oder Deutsch – Sie werden die Mantras in jedem Fall in Ihrer „Zunge" sprechen. Es ist ohnehin wichtiger, daß die Worte in der Sprache des Herzens rezitiert werden. Darin liegt ihre besondere Kraft, und nur so öffnen sich mit der Zeit die Zugänge zu den höheren Ebenen des Klangs.

Mit dem Problem der richtigen Aussprache von Mantras taucht meist auch die Frage auf, ob es für die Wirksamkeit des Mantras wichtig ist, die Symbolsprache vor allem der Sanskrit-Mantras übersetzen und deuten zu können.

Die meisten wählen sich ihr Mantra aufgrund seiner wohlklingenden Worte und seiner für sie sinnstiftenden Aussage oder intuitiv aufgrund der Energie seiner Laute. Mehr ist in Bezug auf das Textverständnis auch gar nicht nötig. Sie tun sich keinen Gefallen, wenn Sie über eine logische Aussage des Mantras zu grübeln beginnen. Eine ins einzelne gehende Textauslegung ist nicht notwendig, um das Mantra in sich aufzunehmen und dort wirken zu lassen. Besonders hinduistische oder buddhistische Mantras in Sanskrit, die vordergründig wie ein einfaches Bittgebet klingen, enthalten unübersetzbare Bija-Silben oder -Buchstaben, die das Tor für eine höhere Klangerfahrung sind; es öffnet sich durch intensives Japa.

Auf dem Weg des Mantras wird der ganze Mensch berührt und nicht nur der Verstand. Das Verstehen, das ein Mantra auslösen kann, ist viel umfassender als intellektuelles Begreifen. Alle Frequenzen, die Ihren Organismus, Ihre Gefühlswelt und Ihr Bewußtsein ausmachen – vom physischen Körper über den Emotionalkörper bis hin zum Höheren Selbst – werden ja im Idealfall durch das Mantra angeregt und ins Gleichgewicht gebracht.

Bei den Texten der hinduistischen und buddhistischen Mantras (zum Beispiel „Der Lotos im Herzen" als Übersetzung von *Om mani padme hum*) brauchen wir westlichen Menschen natürlich dennoch ein wenig Erklärung. Schließlich sind uns diese Vorstellungsbilder und gedanklichen Verknüpfungen nicht so vertraut wie etwa einem Tibeter, und das Informationsbedürfnis unseres Verstandes will befriedigt werden. Wenn durch eine Erklärung auch für den Kopf gesorgt ist, fällt es meist leichter, sich zu entspannen und auf das Mantra einzulassen und es mit innerer Kraft und Überzeugung zu rezitieren.

Sanskrit ist zudem eine Sprache, deren Buchstabenfolge der natürlichen Lautbildung mit Lippen, Zunge und Gaumen vollkommen entspricht. Das Alphabet fußt auf dem genauen Wissen, wie und wo im Mund die Grundlaute gebildet werden. Diese Anordnung entspricht der Reihenfolge, wie sich auf einer höheren Ebene die geistigen Kräfte, für die jeder Buchstabe steht, offenbaren. Das Alphabet spiegelt somit die höhere Ordnung und Harmonie der Schöpfung wider. Das Rezitieren von Sanskrit-Texten hat deshalb nachweisbar von sich aus eine besonders heilsame Wirkung. Die Energie vermag frei zu fließen, und die Öffnung für höhere Bewußtseinszustände gelingt leichter. Das Rezitieren von Sanskrit-

Mantras zeigt folglich auch dann seine positiven Effekte, wenn wir den Inhalt und die Symbolik der Wörter nicht bis ins Detail deuten und mit dem Verstand erfassen können.

Genauso überflüssig, wie sich das Gehirn für die Deutung von Mantra-Texten zu zermartern, ist es, sich bei intensivem Mantra-Rezitieren an bestimmte Empfindungen und mögliche „übersinnliche" Erfahrungen zu klammern. Falls Tränen kommen, lassen Sie sie fließen. Dieser Fluß ist eine natürliche Reaktion. Gehen Sie durch aufsteigende Gefühle hindurch, indem Sie das Mantra unaufhörlich weiter singen oder sprechen. Singen oder sprechen Sie durch Ärger, Angst, Wut und Frust hindurch, die Ihnen nun erstmals bewußt werden oder die Sie plötzlich wieder fühlen können. Japa kann starke Gefühle ans Tageslicht bringen, wenn die dazugehörigen inneren Blockaden und Verletzungen durch das Mantra weggeschmolzen werden.

Es mag sein, daß Sie wie bei jeder intensiven Meditationspraxis sogar Farben, Farbblitze oder geometrische Formen sehen, Klänge hören oder Energien als Wärme, Hitze, Kribbeln, Ziehen spüren. Es ist ratsam, solche Erscheinungen lediglich ruhig zur Kenntnis zu nehmen. Sie brauchen weder stolz darauf zu sein, noch anzufangen, diese Erlebnisse zu analysieren. Machen Sie einfach weiter. Holen Sie sich Rat bei einem Meditationslehrer, falls die „Nebenwirkungen" von Japa Sie beunruhigen oder zu sehr beschäftigen.

Das Mantra ist ein Mittel der inneren Sammlung, das mit Klang arbeitet. Genauso ist es möglich, sich mit Hilfe von Bildern oder Visualisierungen, das heißt mit Hilfe des Lichts, zu zentrieren. Das geschieht durch ein Yantra, ein einfaches Mandala (Kreisbild). Auch Bewegung ist ein Weg, der zu Ruhe und Konzentration führt, etwa in Form von Handgesten, die Mudras genannt werden. Mantra, Yantra und Mudra sind drei Formen geistiger Übung, die jeweils für sich allein stehen, die sich aber ergänzen. Jede Ebene – Klang, Licht, Körper – bietet einen anderen Zugang zur höheren Wahrheit.

· *Yantra*
Zu jedem Mantra aus der vedisch-hinduistischen, buddhistischen und tantrischen Tradition gehört grundsätzlich ein Bild, ein Yantra, denn geistiger Klang läßt sich auch bildlich ausdrücken. Mantras haben damit Form und Farbe, was im Zuge von intensivem Japa erfahrbar wird.

Yantras sind geometrische Darstellungen. Anders als das komplizierter aufgebaute Mandala umfaßt ein Yantra keine Abbildungen von Figuren oder Gegenständen. Das Wort Yantra kommt von *yam*, was so viel heißt, wie die Energie, die in etwas enthalten ist, stärken oder bewahren. Ein Yantra dient der Meditation, der Bewußtwerdung und Erkenntnis auf dem Weg zurück zur Ganzheit und wird beim Rezitieren von Mantras betrachtet oder vor das innere Auge geholt (visualisiert).

Yantras vermitteln auf der Ebene des Lichts die Energiebotschaft des Mantras. Ein Yantra gibt in graphischer Weise den

innersten Namen oder Klang von etwas wieder. Wie seine Entsprechung, das Mantra, ist es eine Brücke zu Wesensessenzen. Das
Yantra eines Bija-Mantras besitzt genau die Energie der Gottheit,
der es zugeordnet ist. Anders herum ausgedrückt: Wir können einen bestimmten göttlichen Aspekt, beispielsweise die Göttin Kali,
sowohl durch das Bija-Mantra *Krim* als auch durch das Kali-Yantra
erfahren. Allerdings braucht man sich nicht für den einen oder anderen Weg zu entscheiden, sondern kann beide verknüpfen. Das
Rezitieren des Mantras wird unterstützt, wenn wir gleichzeitig die
entsprechende Yantra-Darstellung betrachten oder uns innerlich
vor Augen führen. Die zentrierende, auf eine höhere Ordnung
ausrichtende Kraft des Klangs wird durch Yantras im Körper des
Rezitierenden verstärkt.

Yantras vermitteln darüber hinaus ein Bild der Energie-
strukturen, aus denen der Makrokosmos aufgebaut ist und die sich
im Mikrokosmos spiegeln. Durch ein Yantra erfahren wir im Zuge
unserer Bewußtwerdung, daß jeder einzelne und das Göttliche eins
sind, daß keine Trennung zwischen Mikro- und Makrokosmos besteht. Yantras dienen somit zum Beispiel als Symbole der Chakras.
Andererseits kann der Körper als Yantra verstanden werden, denn
auch er ist ein Spiegel des Makrokosmos.

Yantras sind meist auf Papier gemalt, in Holz geschnitzt, in Me-
tall graviert; sie können auch dreidimensional als Bauwerk oder ar-
chitektonisches Detail angelegt sein. Vergleichbare Meditations-
hilfen und visuelle Darstellungen kosmischer Zusammenhänge
und göttlichen Wirkens sind zum Beispiel die Fensterrosetten der
gotischen Kathedralen, die Sandbilder der Navajo-Indianer, die islamischen Ornamente und Kalligraphien, die christlichen Kreuze,

das Christuszeichen ☧ oder die grafischen Darstellungen des kabbalistischen Lebensbaums.

Die Grundformen von Yantras sind Punkt, Kreis, Dreieck und Quadrat. Häufig findet man die Komposition eines Quadrats, das Erde und Materie symbolisiert, in dem sich ein Kreis, das Symbol der Ganzheit, befindet. Das Quadrat hat meist auf jeder Seite ein Tor, das die irdische Ebene darstellt. Innerhalb des Kreises können ein oder mehrere Dreiecke übereinander gelegt sein. Das mit der Spitze nach unten weisende Dreieck (*yoni*) ist das Zeichen für Shakti, die weibliche Kraft, und das mit der Spitze nach oben weisende das für Shiva, die männliche Kraft. Oft bilden die Dreiecke Fünf- oder Sechsecke und stellen damit die fünf Elemente beziehungsweise die schöpferische Vereinigung von Shiva und Shakti dar. Die stilisierten Blätter von Lotosblüten verkörpern die sich entfaltenden Energien. Im Zentrum eines Yantras steht der Punkt (*bindu*), aus dem alle Formen geschaffen werden. In der Meditation auf ein Yantra kommt es im Idealfall zu einem Einswerden des innersten Punkts der Stille von Yantra und Mensch.

Das Yantra wird entweder von seinem Mittelpunkt nach außen „gelesen" oder umgekehrt von der Außenseite zum Zentrum – selbst wenn der Mittelpunkt nicht sichtbar eingezeichnet ist. Der Punkt birgt für sich allein genommen tiefgründigste Wahrheiten und Geheimnisse, die Gegenstand der Meditation sind. André van Lysebeth weist darauf hin, daß im Tantra unter *bindu* das mit der Eizelle vereinte Spermium verstanden wird. Wir alle sind aus einem solchen winzigen Punkt entstanden, der untrennbaren Verbindung von männlichem und weiblichem Prinzip, in dem alle genetischen Informationen unserer Ahnenreihe enthalten sind.

Entsprechend dazu ist der Punkt auch das Symbol für die geballte Energie vor dem Urknall, der Schöpfung des Universums.

Nach traditioneller Lehre vermag das Yantra – ähnlich wie das Mantra – nur durch eine Einweihung höchste Wirkung zu entfalten. Vor allem im tantrischen Buddhismus ist der Gebrauch des Yantras mit komplizierten Ritualen und Unterweisungen verbunden, um Zugang zu der in ihm verdichteten energetischen Information finden zu können.

### Shri-Yantra

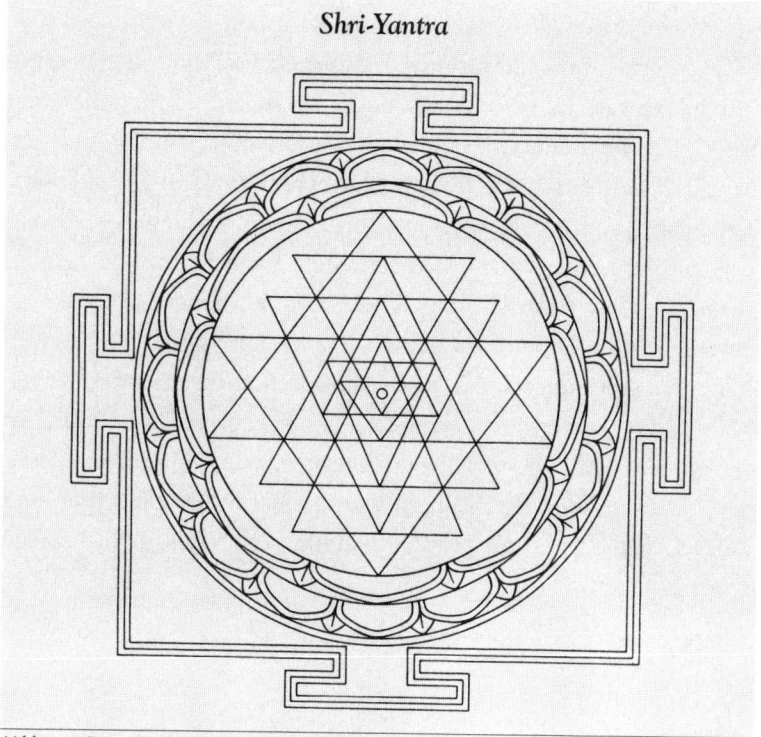

(Abb. aus Sitara E. Eggeling, Indische Yantras)

„Kosmos heißt Ordnung, aber der menschliche Verstand ist nicht in der Lage, diese göttliche Ordnung zu erfassen. Deshalb erscheint uns die Welt oft als unheimlich, ungerecht oder angsterregend. Dem gegenüber steht das Vertrauen, das dem Verstand fremd ist. Wer auf die Intelligenz des Herzens hört, kann vertrauen und erkennen, daß jeder seinen Platz in der göttlichen Ordnung, im Kosmos hat ..."

Sitara E. Eggelings Malbuch *Indische Yantras*, dem diese Darstellung des Shri Yantras und das Zitat entnommen sind, bietet einen vorzüglichen Weg, Yantras kennenzulernen.

Das Shri-Yantra („Yantra des Erhabenen") ist eines der bekanntesten Yantras. Es besteht aus neun Dreiecken (fünf weisen mit der Spitze nach unten) um einen Mittelpunkt (*bindu*) und verdeutlicht den durch die dynamische Shakti-Kraft in Gang gesetzten Schöpfungsprozeß, die fortgesetzte Formwerdung des Klangs. Das mit der Spitze nach unten gerichtete Dreieck, in dem sich der *bindu* befindet, symbolisiert den schwangeren Schoß und die kosmische Mutter. Das Yantra hat die Macht, zur Erleuchtung zu führen, und gibt mit seinem aus fünfzehn Bija-Silben bestehenden Mantra das Universum wieder, das als Offenbarung des Göttlichen verstanden wird. Die göttlichen Energien oder Bija-Silben „wohnen" stets in den Kreuzungspunkten der Yantra-Elemente und werden manchmal zur Verdeutlichung als Sanskrit-Buchstaben dort eingezeichnet.

· *Mudra*

Das Rezitieren von Mantras kann durch Bewegung oder Körperhaltungen begleitet werden. Diese Handgesten und Gebärden werden im Osten als Mudras (Sanskrit: Siegel, Zeichen) bezeichnet. Sie unterstützen den Energiefluß und die Konzentration. Daneben symbolisieren sie auf der Körperebene spirituelle Einsichten und Botschaften. Buddha-Darstellungen sind unter anderem durch die jeweilige Handgeste gekennzeichnet. Im Tempeltanz spielen Mudras eine zentrale Rolle. In der östlichen Medizin existiert zudem eine ausgefeilte Lehre zu den Mudras, die zu heilerischen Zwecken eingesetzt werden (siehe die Bücher von Ramm-Bonwitt und Hirschi). Im Tantrismus ist die Mudra einer der Wege, sich mit dem göttlichen Aspekt des vom Guru gegebenen Mantras zu verbinden.

*Mudra der Erleuchtung:*
*Die Hände werden über den Kopf*
*gehalten. Die Zeigefinger sind gegen-*
*einander gedrückt und die anderen*
*Finger ineinander verschränkt.*

Eine vergleichbare Art von Konzentrationshilfe durch Bewegung und Körperhaltung praktizieren die Sufi-Derwische bei ihren rituellen Tänzen. Sie drehen sich gegen den Uhrzeigersinn um die eigene Achse; dabei bleibt der linke Fuß fest am Boden verankert, und mit dem rechten Fuß wird immer über den linken getreten.

(Abb. aus Tatjana und Mirabai Blau, Buddhistische Symbole)

Von den ausgebreiteten Armen zeigt der rechte mit empfangender Hand zum Himmel und der linke mit der weitergebenden Hand zur Erde.

Seit frühesten Zeiten kennen wir Gesten beim Gebet, so das Erheben der ausgebreiteten Arme und geöffneten Hände, das Niederknien, das Wiegen des Körpers, die gefalteten oder zusammengelegten Hände. Einfache Mudras, die jeder beim Mantra-Rezitieren ausprobieren kann, bestehen zum Beispiel darin, die Spitze eines Daumens und eines anderen Fingers derselben Hand zusammenzulegen. Damit werden jeweils die den Fingern zugeordneten Chakras angesprochen:

· Daumen = Solarplexus-Chakra
· Zeigefinger = Herz-Chakra
· Mittelfinger = Kehl-Chakra
· Ringfinger = Wurzel-Chakra
· Kleiner Finger = Sakral-Chakra

Eine andere Möglichkeit ist, rechte und linke Hand zusammenzubringen, wobei sich nur die Fingerspitzen berühren. Diese Mudra bringt die Gehirnhälften in Einklang und schenkt damit Energie und innere Sammlung.

Für die Mudra der Meditation legen Sie die linke Hand in die rechte, so daß sie wie zwei Schalen aufeinanderliegen. Beide Daumen berühren sich an der Spitze.

· *Gebetskette*

Das Rezitieren des Mantras kann durch innere und äußere Bilder (Yantra) sowie durch Bewegung und Körperhaltung (Mudra) unterstützt werden. Ein weiteres Hilfsmittel für Japa ist die Gebetskette.

Die ersten Gebetsketten waren der Überlieferung zufolge Knotenschnüre, an denen die Wiederholungen eines Mantras oder Gebets abgezählt werden konnten. Das schien praktischer zu sein, als die Wiederholungen mit Hilfe von losen Steinchen oder Kernen festzuhalten. Der Wunsch, die Zahl der Wiederholungen festzulegen und die Ausführung zu überprüfen, beruht

*Buddhistische Gebetskette*

zum einen auf der Vorstellung, daß Zahlen eine symbolische und energetische Bedeutung haben und daß die Wirkung des Mantras unterstützt wird, wenn man es entsprechend oft wiederholt. Zum anderen kann die Zahl der Wiederholungen vom Meister vorgegeben sein. Ähnlich wie ein Arzt, der für seinen Patienten die Dosis eines Heilmittels bemißt, vermag der Lehrer zu beurteilen, wie viele Male der Schüler das Mantra wiederholen muß, um zur Erkenntnis zu gelangen.

Neben den einfachen Schnüren kamen mit der Zeit Ketten in Gebrauch, auf die getrocknete Beeren, Kerne, Tierzähne, Knöchelchen oder Perlen aus Holz, Stein, Kristall oder Edelmetall gezogen waren. Die Zahl der Knoten oder Perlen schwankte im Lauf der Geschichte und ist je nach Glaubensrichtung verschieden.

(Abb. aus: Tatjana & Mirabai Blau, Buddhistische Symbole)

Wie wende ich mein Mantra an?

Man geht davon aus, daß die im Christentum und im Islam ver-
wendeten Gebetsketten dem indischen Vorbild nachempfunden
sind.

· Die hinduistische, buddhistische Gebetskette wird *Mala* (Sanskrit: Kranz, Rose) genannt und ist ein klassisches Hilfsmittel
für Japa. Sie besteht im allgemeinen aus 108 Perlen, mit denen
die Wiederholungen des Mantras gezählt werden. Die Zahl 108
wird als heilig betrachtet. Sie setzt sich aus der Eins zusammen,
die für das Erste und das höchste Göttliche steht, aus der Null,
als Symbol für die Vollkommenheit, und der Acht, dem Symbol
für das Ewige (Swami Sivananda Radha). Dazu kommt eine
Schlußperle, die Meru genannt wird. Meru ist auch der Name
des im Zentrum des Universums gelegenen mythischen Berges
und Wohnortes der Götter. Diese Perle markiert das Ende und
den Beginn des Mantra-Rezitierens. Das heißt, wenn man an
der 108. Perle angekommen ist, wird entweder das Rezitieren
beendet oder die Mala umgedreht und von neuem begonnen,
bis man wieder bei der Schlußperle angelangt ist. Über Meru
zählt man nicht hinweg. Diese Schlußperle speichert vielmehr
die Energie, die durch das Wiederholen der heiligen Formeln
oder der Namen Gottes erzeugt wurde. Die 108 Perlen können
die Zahl der Wiederholungen eines bestimmten göttlichen Namens vorgeben, oder mit jeder Perle wird einer der verschiedenen 108 Namen einer hinduistischen Gottheit rezitiert (jede
dieser Gottheiten hat 108 oder sogar 1008 Namen, die in speziellen Verzeichnissen festgehalten sind).

Eine weitere Regel besagt, daß man sich beim Rezitieren nur
mit Daumen, Ringfinger und auch Mittelfinger – jedoch nie-

mals mit Daumen und Zeigefinger – von Perle zu Perle bewegt. Die Gebetskette wird dabei vorzugsweise auf Höhe des Herzens gehalten.

Die Perlen der Gebetskette können aus den verschiedensten Materialien bestehen. Es gibt Empfehlungen, je nach Art des Mantras oder innerer Zielsetzung bestimmte Materialien zu wählen, zum Beispiel Lotossamen, Rudrakshabeeren oder Tulasiholzperlen, wenn es um das größte Wohl geht, sowie Sandelholzperlen für Erfolg, Kristall- und Edelsteinperlen für das höchste Lernen.

- Der christliche Rosenkranz bestand im Mittelalter aus 150 Perlen, was der Zahl der Psalmen entsprach. Heute sind es statt der 15 mal 10 im allgemeinen nur noch 5 mal 10 Perlen. Mit dem Rosenkranz werden das *Ave Maria* und das *Vaterunser* gebetet und über „Gesätze", das sind Aussagen zum Leben von Jesus Christus, meditiert. Es existieren verschiedene Anleitungen zum Beten des katholischen Rosenkranzes. Die einfachste Form besteht darin, ein einzelnes Gebet immerfort zu wiederholen – einen oder mehrere Rosenkränze lang.
- Im Islam hat die Gebetskette (Arabisch: *subha, tasbih*) 100 Perlen, um die 99 Namen oder Attribute Gottes und den einen essentiellen Namen Gottes, Allah, zu rezitieren. Mit der Gebetskette werden auch Gebete wie „Lob ist Gott", „Gepriesen sei Gott", „Gott ist größer" oder Segenssprüche rezitiert.

Eine Gebetskette kann hilfreich sein, um sich mit einem Mantra vertraut zu machen und es über einen längeren Zeitraum konzentriert zu rezitieren. Welches Material und welche Form Sie für Ihren Rosenkranz wählen, ist letztlich bedeutungslos. Schließlich ist der Rosenkranz kein magisches Instrument, sondern lediglich eine Konzentrationsstütze. Falls Sie eine Gebetskette verwenden, sollten Sie sie allerdings gesondert aufbewahren, denn durch das intensive Beten wird sie mit spiritueller Energie aufgeladen. Am einfachsten ist es, die Kette in ein Seidentuch einzuschlagen.

Falls Ihnen das Rezitieren mit Gebetskette entgegenkommt, können Sie es zu Ihrem Ritual machen. Der Gebrauch einer Gebetskette ist aber nicht zwingend notwendig, um Mantras zur Wirkung zu bringen. Unterwerfen Sie sich also keinen unnötigen Einschränkungen. Von einigen Mantra-Meistern ist zu hören, daß sie die Gebetskette für überflüssig halten. Der Übende solle sich daran gewöhnen, das Mantra jederzeit und überall ohne dieses Hilfsmittel zu sprechen.

Wenn auf den vorangegangenen Seiten mehrfach von Regeln und Traditionen die Rede war, hat Sie dies hoffentlich nicht daran zweifeln lassen, daß Mantras etwas für Sie sind. Mantras sind das Einfachste und Naheliegendste auf der Welt, um in sich selbst Himmel und Erde zu verbinden und in die eigene Mitte zu kommen. Da Mantras zu den elementarsten und frühesten Ausdrucksformen der Spiritualität zählen, ist es nicht verwunderlich, daß sich im Lauf der Zeit verschiedenste Richtungen herausgebildet haben, die feste Regeln zum Einsatz von Mantras aufstellten, um die jeweilige Tradition rein zu halten. Daneben bleibt jedoch genügend Raum für einen eigenständigen, schöpferischen Umgang mit Mantras. Hier einige Tips für Experimentierfreudige, die teilweise Informationen noch einmal zusammenfassen und darüber hinaus weitere Anregungen bieten.

· *Raum für das Heilige*
Das Rezitieren von Mantras ist eine der ursprünglichen Formen von Religiosität, denn es wird durch den Klang im wahrsten Sinn des Wortes eine Verbindung, eine Rückverbindung (Lateinisch: *religio*) hergestellt. Mantras sind ein Weg, um das Heilige im Alltag wieder zu sehen und es sich zu bewahren, zum Beispiel indem Sie ...
  · sich regelmäßig für Japa Zeit nehmen,
  · sich für den Klang und das Hören empfänglich machen und dadurch der Stimme Ihres inneren Lehrers oder anderer Führer aus der geistigen Welt vertrauensvoller folgen,

- einen besonderen Platz in Ihrer Wohnung für das intensive Mantra-Rezitieren reservieren,
- sich zusätzlich ein Yantra wählen und das Bild besonders rahmen oder mit Blumen schmücken,
- ein schönes Tuch oder ein besonderes Behältnis zum Aufbewahren der Gebetskette finden,
- ein spirituelles Tagebuch führen, in das Sie auch Ihr Mantra schreiben,
- sich so etwas wie einen Altar für all Ihre stärkenden, Liebe und Freude vermittelnden Bilder und Gegenstände schaffen,
- kleine Rituale pflegen, zum Beispiel als Vorbereitung eine Kerze anzünden, aromatische Düfte zerstäuben, Atemübungen machen oder sich die Hände waschen.

Durch diese Dinge schaffen Sie einen Rahmen, der es leichter macht, den Energiepegel auf einem hohen Niveau zu halten.

Wenn Sie mit dem Mantra-Rezitieren vertraut sind, gelingt es Ihnen, jederzeit bei einem klangvollen, ausdrucksstarken, hoch schwingenden Wort „Zuflucht zu nehmen" und sich an einer höheren Wahrheit zu orientieren, statt von langsamer schwingenden Energien der Angst oder klebrigen Energien der emotionalen Abhängigkeit vereinnahmt zu werden.

- *Walk your talk*

Ein Mantra können Sie als den Wahlspruch Ihres imaginären Familienwappens oder als Motto für den gegenwärtigen Lebensabschnitt ansehen. Das heißt, das Mantra beinhaltet auch die Aufforderung, das eigene Handeln bewußt daran auszurichten, gerade in brenzligen Entscheidungssituationen oder wenn Wut und Angst Sie packen.

Vielleicht geben Sie sich sogar ausdrücklich eine Art Versprechen und geloben, Ihr Denken und Handeln an dem Mantra auszurichten. Wenn *Frieden* oder *Om shanti* Ihr Mantra ist, könnten Sie es als Ihre Verpflichtung ansehen, den Krieg in Ihnen selbst zu einem Ende zu bringen, friedvoll und gelassen für sich selbst zu sorgen und aus einer Position des inneren Friedens heraus zu handeln. Oft geschieht es allerdings, daß sich gerade der Gegenpol des positiven Zustands (Frieden – Krieg, Wahrheit – Lüge, Klarheit – Verwirrung) bemerkbar macht und zu einer Herausforderung wird. Das Mantra wird helfen, den eigenen Schatten zu erkennen und ihn zu integrieren. Schließlich ist es kein Zufall, daß Sie eben dieses besondere Mantra gewählt haben.

Das Mantra wird Ihnen eine Hilfe sein, immer wieder zu sich selbst zurückzukehren und nicht so schnell Gefahr zu laufen, Dinge nach außen zu verlagern, die nur in Ihrem Innern erkannt und gelöst werden können. Das Mantra wird Sie dafür offen machen, auch unerwartete Antworten entgegenzunehmen und Ihren Blickwinkel zu erweitern. Indem Sie auf diese Weise das Sprechen und das Handeln bewußter verknüpfen, kann sich die in dem Mantra schwingende höhere Weisheit und Wahrheit schneller in Ihrem Leben offenbaren. Sie werden sie überall gespiegelt sehen.

· *Zwischen Wachen und Schlafen*
Wenn es Tag oder wenn es Nacht wird, strömt vermehrt kosmische Energie in uns ein – ein optimaler Zeitpunkt, um das Mantra zu rezitieren. Alle Religionen kennen das Morgen- und Abendgebet oder Hymnen zu Sonnenaufgang. Eine noch feinere Wirkung hat das Rezitieren direkt vor dem Einschlafen und beim Aufwachen.

Wenn Sie mit dem Mantra einschlafen, nehmen Sie es stärker in Ihr Unterbewußtes auf. Sprechen Sie das Mantra langsam und mit Pausen zwischen den Wiederholungen, um zur Ruhe zu kommen. Eine weitere Möglichkeit ist, zum Einschlafen eine CD mit ruhigen Mantra-Gesängen zu hören. Ihr Unterbewußtsein speichert die Information, selbst wenn Ihr Wachbewußtsein längst abgeschaltet hat. Das Mantra-Rezitieren oder das passive Lauschen einer Mantra-Kassette ist auch eine gute Methode, um Frieden und Entspannung in schlaflose Nächte zu bringen.

Sofern Sie nicht werktags vom Wecker aus dem Schlaf gerissen werden, sollten Sie beim natürlichen Aufwachen versuchen, die Phase zwischen Traum und Tag zu nutzen. Jetzt sind Sie besonders durchlässig und aufnahmebereit. Bevor Sie Arme und Beine auch nur ein wenig rühren, beginnen Sie, Ihr Mantra lautlos zu sprechen, und starten mit dieser Energie in den Tag. Erst nach einer Weile, wenn Sie vom Mantra erfüllt sind, fangen Sie an, sich zu recken und zu strecken und aufzustehen. Jetzt können Sie – anders als vor dem Einschlafen – das Mantra auch schnell und laut singen, um sich mit Kraft aufzuladen.

· *Atem*

Das Rezitieren und Singen von Mantras beeinflußt den Atem. Der Atem kann auch dazu eingesetzt werden, die Energie eines Mantras zu verstärken und Sie in einen anderen Bewußtseinszustand zu bringen. Beim stillen Rezitieren nur in Gedanken kann der Atem den Rhythmus vorgeben und die Konzentration fördern. Hier ein Beispiel: Sprechen Sie jeweils mit dem Einatmen *Mutter*, mit dem Ausatmen *Maria* oder mit dem Einatmen *Mutter Maria* und auch mit dem Ausatmen *Mutter Maria*. Versuchen Sie das jetzt gleich einmal mit dem Mantra *Göttliche Liebe*.

Experimentieren Sie mit dem Atem. Vielleicht nehmen Sie sogar noch Bewegungen hinzu, indem Sie zum Beispiel die Hände beim Einatmen nach vorn in einer Geste des Gebens öffnen und beim Ausatmen die Handflächen wieder zur Brust zeigen lassen.

Falls Sie sich noch für kein Mantra entscheiden konnten, wäre es auch einen Versuch wert, sich einige Zeit in der Meditation nur auf das Ein- und Ausatmen zu konzentrieren. Der Atem ist das ursprüngliche Mantra, das uns die Erde mit unserer Geburt lehrt. Diesem Mantra der Erde, dem Atem, nachzuspüren und es bewußt zu üben kann eine sehr heilsame Erfahrung sein.

· *Berührung*
Unwillkürlich legen wir manchmal bei bestimmten Gefühlen die Hand auf den Mund, auf die Brust, auf den Bauch oder führen sie zum Kopf und legen sie an die Schläfen. Diese Körpersprache kann auch ein mehr oder weniger bewußt eingesetztes Mittel sein, um Aussagen zu unterstreichen – schließlich sagt eine Geste oft mehr als tausend Worte. In diesem Sinn haben Sie die Möglichkeit, das Mantra mit spontanen Gesten zu verstärken.

Berührungen sind Gesten der Verständigung und darüber hinaus auch ein Mittel, um Energien zu übertragen. Techniken des Handauflegens beruhen auf der Erfahrung, daß durch die Handflächen heilende Kraft gelenkt werden kann. Im Tantrismus gibt es darüber hinaus das Ritual, mit Fingerspitzen oder Handflächen nacheinander verschiedene Körperzonen zu berühren und dabei Mantras zu sprechen (*nyasa*). Das Ritual dient dazu, göttliche Energien in den Körper zu übertragen und sich auf diese Weise mit der Gottheit zu identifizieren.

Vielleicht haben Sie das Bedürfnis, beim Rezitieren des Mantras beide Hände oder eine Hand aufs Herz zu legen oder an die Kehle oder auf den Hinterkopf oder die Hüften. Geben Sie dem Impuls nach, und spüren Sie hin, ob es Ihre Konzentration vertieft oder den Klang Ihrer Stimme stärkt. Experimentieren Sie auch damit, beim Rezitieren die Handflächen gezielt auf eine Körperstelle zu legen, die Ihnen Beschwerden bereitet.

· *Bewegung und Tanz*

Klang und Bewegung sind eins. Beim Rezitieren oder Singen des Mantras in Bewegung zu kommen ist eine natürliche Reaktion. Sie werden jetzt stärker von Energie durchströmt, Blockaden lösen sich, Emotionen werden frei. Der bessere Energiefluß kann sich zunächst darin zeigen, daß Sie tiefer atmen und sich ganz natürlich von der Brust ausgehend aufrichten. Oft wollen sich dann die Hände und Arme spontan bewegen. Die Energie wird so in bestimmte Bahnen gelenkt und ausgedrückt. Mudras sind eine ritualisierte Form dieses Phänomens.

Sie könnten das Bedürfnis verspüren, Ihren Oberkörper zu wiegen. Ihre Konzentration und Ihr Wohlbefinden werden möglicherweise auch dadurch erhöht, daß Sie beim Mantra-Rezitieren nicht stillsitzen, sondern gehen. Dieses meditative Schreiten und Mantra-Rezitieren kann gleichzeitig mit einer Atemkontrolle verbunden sein.

Beim Mantra-Singen verspüren Sie vielleicht auch den Antrieb, sich um die eigene Achse zu drehen oder sich tanzend im

Kreis zu bewegen. Bei manchen Sufi-Orden wird die Rezitation der Namen Gottes durch rituelles Tanzen begleitet. Beim *sama*, dem rituellen Konzert und Tanz, drehen sich die Derwische gegen den Uhrzeigersinn, das heißt in Richtung des Herzens und das Herz umkreisend.

Probieren Sie aus, beim Mantra-Rezitieren Phasen der Bewegung mit Phasen der Stille abzuwechseln. Spüren Sie der Energie nach, ebenso den Bewegungen, und lauschen Sie dem sich verändernden Klang.

· *Äußere und innere Bilder*
Die Musiktherapeutin Annette Cramer (*Das Buch von der Stimme*) weist auf das Phänomen hin, daß die Konzentration auf eine harmonische geometrische Form eine positive Wirkung auf die Stimme ausübt. Ein Sänger, der beispielsweise das Bild einer gotischen Fensterrosette innerlich gesammelt betrachtet hat, singt danach brillantere Töne und besitzt einen stärkeren, energievolleren Ausdruck – ein praktisches Beispiel für die Wirksamkeit von Yantras.

Versuchen Sie, auch für sich selbst die harmonisierende, Klarheit stiftende Kraft von Yantras zu nutzen. Je nach Geschmack und Vorliebe können Sie ein Bild, eine Postkarte verwenden, zum Beispiel einer der Fensterrosetten von Notre Dame de Paris, des Labyrinths der Kathedrale von Chartres, eines keltischen Kreuzes, des kabbalistischen Lebensbaums, eines Sechsecks, von Honigwaben, der Mondsichel oder der Trigramme des I Ging.

*Kalligraphie des islamischen Mantras
Bismillah ir-rahman ir-rahim*

Vielleicht haben Sie ja auch Spaß daran, Ihr Yantra selbst zu malen: einen einfachen Kreis oder nur ein Dreieck in einem Quadrat. Es kommt nicht darauf an, das Yantra kompliziert zu gestalten. Versuchen Sie auch, dieses selbstgemalte einfache Yantra vor Ihrem inneren Auge zu sehen. Es kann heilsam sein, das Yantra an einer bestimmten Körperstelle oder in einem Chakra zu visualisieren.

Als dreidimensionale Yantras können Sie eine Kristall- oder Edelsteinkugel verwenden, genauso einen Würfel oder eine Pyramide. Von der Heilerin Angelika Ißlinger (München) stammt der Hinweis, daß das Betrachten, Visualisieren und Hantieren mit sogenannten platonischen oder regelmäßigen Körpern – Tetraeder, Würfel, Oktaeder, Dodekaeder, Ikosaeder – meist die Aura vergrößert und die Schwingung der feinstofflichen Körper erhöht.

Die Wirkung von Mantras wird auch durch spezielle innere Bilder verstärkt. Beispielsweise visualisiert man vor allem im tantrischen Buddhismus die Gestalt der Gottheit eines Bija-Mantras mit all ihren verschiedenen Merkmalen. Dazu bedarf es jedoch besonderer Anleitung. Für den Hausgebrauch können Sie versuchen, das Mantra zu rezitieren und sich dabei heilendes Licht vorzustellen. Dazu ...

(Abb. aus: Tanja Al Hariri-Wendel, Symbole des Islam)

- schließen Sie die Augen und stellen sich vor, daß Sie in einer weißen oder farbigen Lichtwolke stehen.
- Sie können dieses Licht auch wie aus einer Dusche auf sich herabregnen lassen.
- Oder Sie stellen sich vor, daß das Licht beim Rezitieren aus Ihrem Herzzentrum strömt und sich in konzentrischen Kreisen, Schicht um Schicht, nach außen bewegt, bis Sie in einer großen Lichtwolke stehen, die Sie in weitem Rund umschließt.

Jede Farbe hat durch ihre spezifische Schwingung Einfluß auf Körper, Geist und Seele. Die Farben des Regenbogens – Rot, Orange, Gelb, Grün, Rosa, Blau und Violett – stehen in Bezug zu den Chakras (siehe die Tabelle im Anhang). Weiß birgt alle Farben in sich und spricht damit alle Chakras und den ganzen Körper an. Darüber hinaus wirkt Gold – wie auch Weiß – reinigend und heilend und vermag den Zugang zur inneren Weisheit zu öffnen.

- *Kristalle und Heilsteine*
Kristalle und Edelsteine verstärken und bündeln Energien; sie werden als Heilsteine auch dazu benutzt, in der Aura Blockaden zu lösen und Verletzungen zu heilen. Falls Sie eine besondere Beziehung zu Kristallen haben, können Sie versuchen, sie beim Mantra-Rezitieren einzubeziehen. Das kann zum Beispiel so aussehen, daß Sie eine Gebetskette aus Bergkristallperlen verwenden oder beim Mantra-Singen einen Kristall in der Hand halten. Eine weitere Möglichkeit ist, im Liegen Heilsteine auf den Körper aufzulegen und dann das Mantra zu rezitieren.

Ein mögliches Auswahlkriterium für die Kristalle ist ihre Farbe. Durch ihren inneren Aufbau, das heißt durch ihre streng geome-

trische Gitterstruktur, ist zudem die Verbindung zum Yantra hergestellt. Manche Heilsteine haben außerdem auch äußerlich eine
geometrische Form, zum Beispiel Fluorite, die ungeschliffen als
Oktaeder vorkommen. Diese Steine können wie ein dreidimensio-
nales Yantra dazu dienen, Sie tiefer in das Mantra hineinzuführen
und spirituelle Zusammenhänge zu enthüllen.

Es gibt eine Fülle von Literatur, die sich mit den Heil-
eigenschaften von Kristallen beschäftigt. Erste Hinweise können
Ihnen die Zuordnungen zu den Chakras geben (siehe die Tabelle
im Anhang).

· *Wasser mit Energie aufladen*

Eine weitere Form des Umgangs mit dem Mantra besteht darin,
die Qualität des Wassers, das Sie zum Trinken und Kochen verwenden, mit Hilfe des Mantras zu verbessern. Wasser läßt sich
durch Gesang und Rezitation mit spiritueller Kraft aufladen. Noch
einfacher ist, das Mantra auf ein Stück Papier zu schreiben und es
um die Glasflasche, in der Sie Ihr Wasser aufbewahren, zu wickeln
oder es an das Auffanggefäß Ihres Wasserfilters zu heften. Eine
weitere Möglichkeit besteht darin, ein mit Wasser gefülltes Glas
auf das Blatt Papier mit dem Mantra zu stellen. Nach Emoto muß
die Schrift etwa 24 Stunden einwirken, damit das Wasser die energetische Information des Mantras annimmt.

· *Hören lernen*

Neben dem Singen und Rezitieren wird es Ihnen guttun, auch
immer wieder still zu werden und auf die höheren Klänge zu lauschen. Die Tatsache, daß ein ungewolltes Hineinbrechen anderer

Frequenzen heute so oft vorkommt – vor allem in Streßsituationen – und Menschen dann unter Ohrgeräuschen leiden, die sie weder beherrschen noch deuten können, zeigt, wie wenig vertraut wir eigentlich mit unserer inneren Stimme sind und wie wenig wir von den feineren Tönen der verschiedenen Ebenen des Daseins verstehen.

Um sich für Urklänge empfänglich zu machen, können Sie zum Beispiel in die Natur gehen und sich in der Meditation mit einem Baum verbinden. Nehmen Sie sich sehr viel Zeit für diese innere Kontaktaufnahme. Lauschen Sie auf den inneren Ebenen, um die „Stimme" des Baums zu vernehmen. Vielleicht hören Sie diesen Ton nur im Herzen; vielleicht verspüren Sie spontan Lust, Töne zu singen, die Sie von diesem Baum aufgenommen haben.

· *Gemeinsam singen*
Mantras sind keine todernste Angelegenheit. Viel eher bringen sie Freude und Schwung ins Leben, vor allem wenn sie gemeinsam mit anderen gesungen werden. Mantras sind für viele Menschen sogar zu einem Ersatz für Volkslieder und Kirchenlieder geworden, deren Texte ihnen nicht mehr zeitgemäß vorkommen.

Beim Singen oder Sprechen von Mantras sind Sie eigentlich sowieso niemals allein. Das kollektive, morphische Feld des Mantras verbindet Sie mit anderen Praktizierenden. Falls Sie ein traditionelles Mantra gewählt haben, besteht außerdem eine besondere Verbindung zu allen, die ebenfalls in dieser Tradition stehen. Beim Singen spüren Sie vielleicht instinktiv diese Verbundenheit. Abgesehen davon verstärkt es die Energie, wenn Mantras in der Gruppe rezitiert werden – je mehr Menschen im Namen eines höheren, göttlichen Prinzips zusammenkommen, desto klarer nimmt diese Kraft Form an.

Das gemeinsame Singen unterstreicht zudem das Rituelle im Umgang mit dem Mantra. Der gemeinsame Rhythmus wirkt beruhigend und heilsam, und das gemeinsame Singen stärkt die Lebenskräfte von Liebe, Freude und Einklang.

*„Seien Sie fähig, die Vollkommenheit Ihrer göttlichen Erbschaft mit der Unvollkommenheit Ihrer persönlichen Eigenart zu verbinden."*
PIR-O-MURSHID HAZRAT INAYAT KHAN

## Aufbruch in eine offene Spiritualität

Unsere Zeit ist nicht nur durch Krisen, Chaos und Mißstände geprägt; sie ermöglicht ebenso kreative Neuanfänge, spirituelle Öffnung und schnelle Entwicklungen. Heute werden beispielsweise Mantras selbst von östlichen Meistern öffentlich weitergegeben. Strenge traditionelle Vorschriften haben sich teilweise gelockert, ohne daß eine spirituelle Schule oder Gruppierung weniger seriös und ernstzunehmen wäre. Wir können uns mühelos Informationen beschaffen, die lange nur von Lehrer zu Schüler weitergegeben wurden. Man sehe sich nur in einer größeren Buchhandlung um – zu allen Gebieten von Spiritualität und ganzheitlicher Selbsterfahrung finden sich Lehrbücher und Einführungen, die unterschiedlichste Zugänge bieten.

Ein reger Austausch zwischen Ost und West sowie zwischen den Religionen ist längst Alltag. Östliche Meister besuchen den Westen, um dort zu lehren und spirituelle Zentren aufzubauen. Es gibt moderne westliche „Seher", die Botschaften von geistigen Weisheitslehrern auf dem Weg der Meditation empfangen und verbreiten. Moderne Kommunikationsmittel wie das Internet bringen Informationen direkt ins Haus und helfen, weltweit Verbindungen zu knüpfen.

Diese Beschleunigung, Freiheit und Öffnung bietet uns viele Chancen, uns von alten Mustern zu trennen, uns müheloser auf die neue Energie einzustellen und zur eigenen Kraft zu gelangen. Zu erkennen, wer wir wirklich sind – das ist das Leitmotiv bei der Suche vieler Menschen. Das Mantra ist ein Begleiter und wahrer Türenöffner auf diesem Weg zu unserer wahren Natur des Geistes und des Lichts.

*Aham* das heißt *Ich* – lautet das größte Mantra bei Ramana Maharshi. Diesem Mantra wird die Kraft zugesprochen, den Rezitierenden zu seinem Selbst zu führen. *Aham* oder *Ich* ist der Name Gottes. Nicht das begrenzte, egoistische Ich ist also gemeint, sondern das *Ich bin* des Höheren Selbst, der Seele, die göttlicher Natur und eins mit dem höchsten, alles umfassenden reinen Bewußtsein ist.

Ein einfaches, kraftvolles Mantra, das gut in unsere Zeit paßt und das jeder für sich empfangen kann, ist der Name der Seele. Es wurde bereits erwähnt, daß jede Einzelseele in einer bestimmten Frequenz schwingt, die sich als Name ausdrücken läßt. Mit diesem Namen wird der besondere Teil der göttlichen Energie, die Sie sind, in Klang gekleidet. Als Einzelseele sind Sie darüber hinaus Teil eines größeren Familienverbundes von Seelen, mit dem wir uns ebenfalls über eine bestimmte Frequenz und mit Hilfe eines Namens verbinden können. Der Name der Einzelseele und jener der Seelenfamilie unterscheiden sich durch Abstufungen.

Bei den Autoren Varda Hasselmann und Frank Schmolke, die mit mehreren Veröffentlichungen zu den Welten der Seele hervorgetreten sind, heißt es sehr anschaulich zum Namen der Seelenfamilie, daß es sich dabei um einen Kanon handelt: „Einen Kanon, der von verschiedenen Stimmen gesungen wird, in dem sich Texte und Melodien vermischen. Und doch singt ihr [die Einzelseelen, die zu dieser Seelenfamilie gehören] alle dasselbe Lied. Die Stimmen sind verschieden moduliert. Der Kanon ist unverwechselbar." (*Die Seelenfamilie*, S. 155)

Es ist gar nicht so schwierig, sich auf den Namen der eigenen Seele zu besinnen. Er ist nach dem Atem das für Sie maßgeschneiderte Mantra. Sobald Sie Ihren Seelennamen wie ein Mantra sprechen, nutzen Sie den direkten Draht zur ureigenen göttlichen Quelle von Weisheit und Liebe. Sie stehen dann in unmittelbarer Verbindung zu Ihrer höchsten vitalen und spirituellen Kraft und erhalten von dort Hilfe und Inspiration. Es ist gleichzeitig ein Weg, Seelenklang nach außen wirken zu lassen, Ihre Wahrheit zu zeigen und zu leben.

## Die Namen der Seele – eine Übung

Delphine kommen offenbar mit einem individuellen Namen auf die Welt. Es ist ein besonderer Pfeifton, den sie von ihrer Mutter lernen und mit dem sie dann auch von den anderen Delphinen der Herde gerufen werden. Der Name der Seele ist ebenfalls oft nur eine vergleichsweise kurze Lautfolge, zum Beispiel A-na-ha oder Holun.

### Übung
Zu Ihrem Seelenklang, dem Namen Ihrer Seele, gelangen Sie am besten in einem meditativen Zustand. Sie finden ihn am leichtesten, wenn Sie in die Stille gehen, sich entspannen und öffnen. Vielleicht können Sie einen vertrauten Menschen bitten, Sie durch diese Meditation zu begleiten.

Sie sitzen ganz entspannt auf einem Stuhl und richten die Wirbelsäule sanft auf, dazu ziehen Sie das Kinn ein wenig zur Brust. Atmen Sie ein paarmal tief ein und aus. Lassen Sie die Schultern entspannt nach unten sinken. Die Augen sind geschlossen.

Verbinden Sie sich zuerst gut mit der Erde, indem Sie sich vorstellen, daß Sie eine dicke Kette vom Ende Ihrer Wirbelsäule in die Erde hinablassen und am Mittelpunkt der Erde verankern. Dann wandern Sie zum Scheitelpunkt des Kopfes und stellen sich vor, wie Sie sich öffnen und Verbindung zu Ihrem Höheren Selbst aufnehmen.

Bitten Sie darum, den Namen Ihrer Seele zu erfahren. Lassen Sie es zu, daß sich verschiedene Vokale, Silben und Konsonanten in Ihrer Vorstellung zusammenfügen.

Versuchen Sie, diese Laute auszusprechen. Probieren Sie herum, den einen klangvollen Namen zu finden, der sich für Sie gut anfühlt.

Es kann ein bißchen dauern und mehrerer Anläufe bedürfen, bis Sie den vertraut klingenden Namen gefunden haben. Möglicherweise kommt er auch auf einem anderen Weg, außerhalb der Meditation zu Ihnen, zum Beispiel als Geistesblitz, als spontanes Erkennen bei einer ganz alltäglichen Arbeit.

Hüten Sie diesen Namen wie etwas Kostbares. Lernen Sie, ihn auf Ihre ganz eigene Weise zu intonieren. Er ist Ihr persönliches Mantra.

# Zweiter Teil

## Das Lexikon der Mantras

Die folgende Übersicht zu den Mantras der Welt ist nach Religionen und Kulturen geordnet. Sie stellt zuerst die traditionellen Mantras aus Hinduismus und Buddhismus sowie die wie Mantras gebrauchten Worte, Gebete und Gesänge aus Christentum, Islam und Judentum vor. Die beigefügten kurzen Erläuterungen und Kommentare zu diesen verbreitetsten, nicht geheimen Mantras und Gebeten informieren Sie über Bedeutungshintergründe und geistige Wurzeln. Diese Hinweise werden Ihnen erste Aufschlüsse über das jeweilige Bewußtseinsfeld geben, in dem das Mantra steht. Bei einem traditionellen Mantra verbinden Sie sich geistig auch mit einer Überlieferungslinie, einer „Kirche" oder einer bestimmten Form der Spiritualität – darüber sollten Sie sich bei der Wahl des Mantras im klaren sein. Sie selbst entscheiden, mit welcher Schwingung Sie sich umgeben wollen.

Die erläuternden Hinweise können Ihnen das jeweilige Mantra jedoch nicht im einzelnen erklären. Um die Kraft eines Mantras zu erfahren und die Bedeutung zu erschließen, die es für Sie hat, müssen Sie es in Ihren Alltag hineinnehmen und es regelmäßig über einen längeren Zeitraum rezitieren.

Die Hinweise und Zuordnungen sowie die Reihenfolge im Lexikon der Mantras geben außerdem keine Wertskala nach „Heiligkeit" oder „magischer Kraft" wieder. Sie sind lediglich dazu gedacht, Ihnen einen leichteren Zugang zu ermöglichen und die Vielfalt der Wege zu verdeutlichen. Alle diese großen Mantras des Ostens und Westens sind ein mögliches Tor zur universellen Wahrheit.

Das Lexikon enthält darüber hinaus weitere Hymnen, Gebete und Gottesnamen aus verschiedenen Kulturen und Epochen. Sie sind aufgenommen worden, um Ihnen Anregungen für die Formulierung Ihres persönlichen Mantras zu geben. Vor allem der letzte Abschnitt zu den „Mantras für eine neue Zeit" mag Sie anregen, ein Mantra zu finden, das der Schwingung dieses Augenblicks entspricht und das Sie zu neuen Ufern trägt.

Die Transkription von Sanskrit in lateinische Buchstaben folgt nicht den neuesten wissenschaftlichen Regeln, sondern entspricht dem verbreiteten Gebrauch (zum Beispiel Krishna statt Krsna, Shiva statt Siva). Daneben gelten folgende Hinweise zur Aussprache der Sanskrit-Wörter: c = tsch, j = dsch, sh = sch, y = j.

Es ist empfehlenswert, sich mit der Aussprache der Mantras mit Hilfe von CDs oder Kassetten (siehe Anhang) vertraut zu machen, wenn kein Lehrer zur Verfügung steht oder wenn Sie keine Gelegenheit haben, in einer Gruppe Mantras zu singen.

### Om

*Om* besteht aus den drei Lauten A-U-M. In den Upanishaden heißt es, daß *Om* (*Aum*) Brahman ist, das heißt das Absolute, das Göttliche. „Diese Silbe ist das Höchste. Wer sie begriffen hat, erreicht jeglichen Wunsch" (*Kathaka-Upanishad*). Die heilige Silbe kann somit als Quelle aller Mantras gelten. Alle anderen Mantras spiegeln lediglich verschiedene Aspekte dieses ewigen Einen wider. Jedes gesprochene Wort entspringt dem *Om*. Es handelt sich um den Urklang – den nicht angeschlagenen Klang, der aus sich selbst heraus tönt und die ganze Schöpfung durchzieht. In tiefster Meditation kann er gehört werden.

*Om* ist nach dieser Vorstellung kein einfacher Buchstabe, sondern höchste göttliche Kraft, was Zugang zu vielen Bedeutungs- und Interpretationsebenen bietet. *Om* bzw. A-U-M kann zum Beispiel die drei kosmischen Zustände oder Tendenzen von Schöpfung, Erhaltung und Auflösung wiedergeben, auch verkörpert in den hinduistischen Gottheiten Brahma (Schöpfer), Vishnu (Erhalter) und Shiva (Zerstörer). Oder es wird als Symbol für Wachzustand, Traum und traumlosen Schlaf begriffen. Im Kriya-Yoga wird A-U-M mit dem kausalen Körper, dem astralen Körper und dem grobstofflichen Körper gleichgesetzt. Sri Chinmoy erklärt es als das Streben nach Gott, die Vereinigung mit Gott und die Offenbarung des Göttlichen in uns und durch uns.

Die Meditation über den „Gotteslaut" oder das „ewige Wort" *Om* stellt eine Verbindung zwischen dem eigenen Selbst (*atman*) und dem universellen Selbst (*brahman*) her: „Wer sich in Om versenkt, der geht in Brahman ein" (*Taittiriya-Upanishad*). Körperlich bewirkt das Mantra *Om* eine feine Vibration und Stimulation auf der Zellebene. Alte Programmierungen können dadurch gelöscht und durch eine höhere Wahrheit und Ordnung ersetzt werden.

Vielen Mantras ist ausdrücklich ein *Om* vorangestellt, um sie mit besonderer Kraft aufzuladen. Manchmal wurde dieses einleitende *Om* weggelassen, wenn man das Mantra einem Nicht-Brahmanen lehrte. Die strenggläubige Auffassung, daß nur Eingeweihte berechtigt seien, das *Om* oder andere vedische Mantras wie das *Gayatri* zu rezitieren, teilen heute nur noch wenige.

Das Sanskritzeichen für *Om* (siehe die Abbildung auf Seite 31) ist zugleich das Yantra. Der große untere Bogen steht für die materielle Welt und das Wachbewußtsein. Der kleine Bogen an der rechten Seite steht für die Ebene der geistigen Konzepte und des Traums. Der obere Bogen gibt das Unbewußte, den Schlaf wieder. Der Punkt rechts oben symbolisiert das vollkommene Bewußtsein. Der dazugehörige kleine Halbkreis stellt die Unendlichkeit dar und zeigt, daß mit dem begrenzten Denken das Absolute nicht zu erfassen ist. Das allumfassende Bewußtsein wird erfahren, wenn ein Mensch über die drei Ebenen von Wachen, Träumen und Schlafen hinausgelangt ist und ihm Erleuchtung zuteil wird.

### Bija-Mantra

„Saat"- oder „Keim"-Mantra, das den Kern einer göttlichen Energie oder einer Form der absoluten Wahrheit wiedergibt. Es gibt verschiedene dieser Mantras. Jedes beruht auf einer von den alten Sehern und Heiligen bei der Meditation empfangenen Klangerfahrung und gibt die jeweilige Urkraft wieder, durch die etwas materiell in Erscheinung treten kann. Jeder einzelne Buchstabe birgt darüber hinaus noch weitere energetische Informationen: Zum Beispiel spiegelt das Bija-Mantra *Shrim* bestimmte Eigenschaften wider, die im Hinduismus von der Göttin Lakshmi verkörpert werden: Im einzelnen steht *Sh* für göttliche Fülle, *R* für Reichtum, *I* für Erfüllung, M für Grenzenlosigkeit.

Bija-Mantras sind oft Bestandteil eines längeren Mantras und werden meist nicht für sich allein rezitiert. Traditionell wird dem Schüler vom Guru im Rahmen einer Einweihung ein Bija-Mantra gegeben; es kann auch als Vorbereitungsmantra dienen, um eine bestimmte Energie anzuziehen und aufzubauen. In Bija-Mantras können mystische Erfahrungen und Wahrheiten unter Eingeweihten komprimiert ausgedrückt und weitergegeben werden.

Bestimmte Bija-Mantras dienen zur Anregung der Chakras. Diese Bija-Mantras werden als grober Klangausdruck für feinere Wirkkräfte beschrieben (Avalon, *Die Schlangenkraft*). Zum Beispiel ist das Bija-Mantra *Ram* das Symbol für das subtile Geräusch der feuerbildenden Wirkkräfte und dem Solarplexus-Chakra zugeordnet.

Hier eine Auswahl von Bija-Mantras für kosmische Kräfte, die
im Hinduismus durch verschiedene Gottheiten dargestellt werden:

*Aim*: Sarasvati – Kraft des Wortes, geistiges Streben, Überwindung von Leid

*Dum*: Durga – göttliche Mutter, Mutter des Universums;
Schutz, Verteidigung

*Gam/Glaum*: Ganesha – Intelligenz und Weisheit, Beistand
und Segen, Erfolg

*Ham/Haum*: Shiva – Herr des Universums, das Höchste, Absolute in Verbindung mit der weiblichen dynamischen Kraft Shakti;
auch Gott der Zerstörung in der Dreiheit von Schöpfung, Erhaltung, Zerstörung; Auflösung von Niederem und von Leid

*Hrim*: Bhuvaneshvari – Ent-Täuschung, Illusionen durchschauen, Segen und Wohltaten

*Klim*: Krishna – Wunscherfüllung, Befriedigung

*Krim*: Kali – Erschaffung und Auflösung, Überwindung von
Begrenzungen, Reinigung und Wandlung

*Kshraum*: Vishnu – kosmische Ordnung, harmonische Lebensgestaltung.

*Shrim*: Lakshmi – Reichtum, Fülle, Gesundheit, Wohlbefinden, innerer Frieden

Die Bija-Mantras der Chakras sind:

*Lam*: Wurzel-Chakra

*Vam*: Sakral-Chakra

*Ram*: Solarplexus-Chakra

*Yam*: Herz-Chakra

*Ham*: Kehl-Chakra

*Om*: Stirn-Chakra

## So'ham

(Sanskrit: *sah* und *aham* = *so'ham*) Wörtlich: „Er ich", in der Bedeutung: „Ich bin er", „Ich bin das unsterbliche Wesen", „Ich bin aufgrund von Jenem", „Ich bin in Gott", „Gott ist in mir", „Ich bin das", „Er ist ich", „Menschliches Selbst und das Ewige sind eins". Es entstammt dem Isha-Upanishad und ist das große Mantra in der nichtdualistischen Vedanta-Philosophie.

Im Yoga wird es als Mantra des Atems gebraucht. *So'ham* entspricht danach dem natürlichen Klang des Atems und ist sogar die Grundlage der Atemtätigkeit und damit des Lebens. Der erste Atemzug wird durch *So'ham* eingeleitet; von diesem kosmischen Klang geht auf Seelenebene ein Impuls an das Nervensystem eines neugeborenen Wesens, das dann instinktiv zu atmen beginnt. Mit jedem Atemzug wird das Mantra anstrengungslos wiederholt.

Nach dieser Vorstellung fließen mit dem Einatmen auf *So* das Göttliche und die Lebenskraft in den Menschen hinein. Das Ausatmen erfolgt auf *ham*. Man stellt sich vor, daß sich alle Körperzellen harmonisch auf kosmische Rhythmen einschwingen und dem Rhythmus des Lebens folgen. *So'ham* wird von Tigunait (*The Power of Mantra*) auch als Kollektivton der Körperzellen bezeichnet.

Swami Muktananda aus der Traditionslinie des Siddha-Yoga lehrt, daß mit dem Mantra das Prana gelenkt wird und die wahre Natur des Ich erfahren werden kann. Danach entspricht *So'ham* dem höchsten Selbst; das Mantra ist zugleich höchste Übung und einfachster Weg zur Befreiung.

Allgemein wirkt das Mantra auf Zellebene ordnend und harmonisierend. Es hilft, Bindungen und Begrenzungen zu überwinden und zu erkennen, daß die eine höchste Wahrheit alle Gegensätze umfaßt. Es lehrt den Menschen, sich mit jedem Atemzug der eigenen göttlichen Natur gewahr zu sein.

## Om ah hum

Mit *Om*, *Ah* und *Hum* werden die drei Ebenen der Wirklichkeit dargestellt: die universelle, die ideale und die individuelle. Ihre Entsprechungen sind das Scheitel-, Kehl- und Herz-Chakra (Lama Anagarika Govinda, *Grundlagen tibetischer Mystik*). Eine andere Möglichkeit der Annäherung besteht darin, mit *Om* Amitabha, den Buddha des grenzenlosen Lichts, des Erbarmens und der Weisheit, zu verbinden, mit *Ah* den Bodhisattva Avalokiteshvara, der ebenfalls die Energie des Mitgefühls von Amitabha vertritt, und mit *Hum* Padmasambhava, den wie einen Buddha verehrten Begründer des tibetischen Buddhismus (Meister Zhi Chang Li).

Das Mantra wird meist im Rahmen von Ritualen gebraucht, zum Beispiel zum Weihen von Opfergaben. Es dient auch der Reinigung von Körper und Emotionen (*Om*), Kehle und Sprache (*Ah*) und des Geistes (*Hum*). Es ist ein Weg, das Unbegrenzte im Begrenzten zu sehen oder das Heilige im Alltäglichen. Es ist eine Hilfe, Polarisierungen zu überwinden.

## Om mani padme hum

(in Tibet: *Om mani peme hung*) Wörtlich: „Juwel im Lotos", in der Bedeutung: „Das Streben nach Erleuchtung ist in meinem Herzen", „Gott ist in meinem Herzen".

Dies ist das älteste und am weitesten verbreitete Mantra des tibetischen Buddhismus. Es weckt die Kraft des Mitgefühls, die von Bodhisattva* Avalokiteshvara (Tibetisch: Chenresi, Chinesisch:

Kuan Yin, Japanisch: Kannon) verkörpert wird. Das Mantra ist ein Ausdruck für die Liebe zu allen Wesen und für den Wunsch nach Befreiung und Erlösung, um dem Wohl aller zu dienen.

Mit dem Mantra kann für Frieden und allgemeine Höherentwicklung auf der Welt gebetet werden. Weiterhin bietet das Mantra Schutz; es öffnet das Herz und stärkt die Verbundenheit mit allem, was ist. Mit ihm läßt sich der Meister des inneren Lichts anrufen.

*Tat savitur varenyam*
*bhargo devasya dhimahi*
*dhiyo yo nah pracodayat*

Wörtlich: „Mögen wir über das leuchtende Licht dessen meditieren, der anbetungswürdig ist und alle Welten geschaffen hat! Möge er unsere Intelligenz auf die Wahrheit lenken!" Andere Übersetzungen lauten zum Beispiel: „Laßt uns über jenen hervorragenden Glanz des Gottes Savitri (Sonne) meditieren. Möge er unsere Gedanken beleben" oder: „Laßt uns über den anbetungswürdigen, die Dunkelheit vertreibenden Geist meditieren, den sich selbst erleuchtenden, alles hervorbringenden Savita" oder: „Laßt uns den wunderbaren Sonnen-Geist des göttlichen Schöpfers betrachten. Möge er unser Denkorgan lenken".

Das Mantra trägt den Namen Gayatri, und zwar nach der Bezeichnung für das Versmaß von drei mal acht Silben. Es wird auch als Savitri bezeichnet. Die Göttin Savitri verkörpert das vedische Versmaß und ist die Göttin dieser Hymne an die Sonne (Savitri).

---

*(Bodhisattva: Erleuchteter, der aus eigener Entscheidung so lange wiedergeboren wird, bis alle Lebewesen die Erleuchtung erlangt haben, und der allen bei ihrem Streben danach hilft.)

Das Gayatri-Mantra stammt aus dem Rigveda und gilt als das heiligste Mantra der Veden. Erschaut wurde es von Rishi Vishvamitra. Es wird auch gelehrt, daß der Ton *Om* aus dem Herzen Brahmas aufsteigt und sich in Form des Gayatri entfaltet. Aus diesem Grund wird Gayatri als die Mutter der Veden bezeichnet.

Häufig wird das Gayatri mit einer zusätzlichen vorangestellten Zeile rezitiert:

*Om bhur bhuvah svah*
*Tat savitur varenyam*
*bhargo devasya dhimahi*
*dhiyo yo nah pracodayat*

Dieser Zusatz heißt wörtlich „Erde, Luftraum, Himmel" oder „Die irdische, atmosphärische und himmlische Sphäre" und bezieht sich auf die materielle, die astrale und die göttliche Ebene. Das *Om* durchdringt alle diese Bereiche und die damit verbundenen Bewußtseinszustände.

Die Bedeutungsebenen des Mantras verschieben sich, je nachdem, zu welchem Zeitpunkt das Mantra rezitiert wird. Dieses wichtigste Mantra des Hinduismus wird traditionell dreimal täglich zu den Zeiten des Übergangs – Sonnenaufgang, Mittag und Sonnenuntergang – gesprochen, und zwar nach einer besonderen rituellen Vorbereitung. Außerdem kann jede der 24 Silben des Gayatri mit einer besonderen Farbe, Gottheit und einem kosmischen Prinzip verbunden werden. In diesem Sinn ist das Gayatri ein Tor zum Universum.

Das Gayatri wurde lange geheimgehalten. Es wurde erst nach einer Einweihung weitergegeben, meist vom Vater an den Sohn. Nur den männlichen Eingeweihten der drei oberen Kasten war das Mantra erlaubt, denn es ermächtigte auch zu rituellen Handlungen.

Heute wird es von Menschen in Ost und West rezitiert. Sie alle hegen den Wunsch, für eine Spiritualität der Zukunft „die wesentlichen Beiträge der Weltreligionen zu verstehen und in ein sinnvolles Muster zu integrieren" (Pir Vilayat Inayat Khan, *Erwachen*). Im Hinduismus wurden im selben Versmaß und nach Vorbild des Gayatri noch weitere Mantras gebildet, die auch andere Gottheiten preisen.

Das Mantra vermag kosmisches Bewußtsein zu wecken und schafft eine direkte Verbindung zur höchsten Wahrheit. Es ist Lobpreisung und Bitte um Erleuchtung.

*Parameshvaraya vidmahe*
*paratattvaya dhimahi*
**tan no Brahma pracodayat**

„Mögen wir den höchsten Herrn kennen. Laßt uns die höchste Wirklichkeit betrachten, und möge uns Brahman zu dieser leiten."

Lobpreis im Gayatri-Versmaß auf Brahman, das Ewige, Absolute (nicht zu verwechseln mit dem hinduistischen Schöpfergott Brahma). Es wird auch als tantrisches Gayatri bezeichnet, da es ursprünglich nicht exklusiv den höheren Kasten vorbehalten war. Es ist eine Bitte um spirituelle Führung, um Erfüllung des Lebensziels.

*Om tatpurshaya vidmahe*
*sahasrakshaya mahadevaya dhimahi*
**tan no Rudrah pracodayat**

Lobpreis auf Shiva im Gayatri-Versmaß, um die Gottheit zu ehren und ihre Energie im Menschen zu erwecken. Shiva (Sanskrit: „Der Freundliche", „Der Gütige") wird auch mit dem vedischen Gott Rudra gleichgesetzt und bildet mit Brahma und Vishnu die

Dreiheit von schöpferischen (Brahma), erhaltenden (Vishnu) und zerstörerischen (Shiva) Kräften. Gleichzeitig gilt er auch als schöpferische, fruchtbarkeitsspendende Kraft. In Shiva, dem kosmischen Tänzer, vereinigen sich elementare Lebensenergien: Männlich und Weiblich, Zorn und Güte, Anfang und Ende. Er ist der Zerstörer des Alten, der dem Neuen Raum verschafft.

### Om namah Shivaya

Wörtlich: „Ich neige mich vor dem Herrn Shiva", unter anderem in der Bedeutung: „Ich gebe mich dem höchsten Göttlichen hin", „Ich vertraue mich Gott an", „Ich ehre das innere Selbst".

Ein universales Mantra, das von vielen Meistern gelehrt wird. Wichtiges Mantra bei Babaji und im Siddha-Yoga.

Shiva als göttlicher Aspekt der Auflösung und Zerstörung hilft, Illusionen, Anhaftungen, Selbstsucht und Begrenzungen abzuschütteln und sich von Negativem zu trennen. Seine Energie macht die Bahn für neue Entwicklungen frei, so daß man nicht länger abseits stehen und sich der Wahrheit verweigern kann. Die ehrfurchtgebietende Kraft der Zerstörung des Alten, für die Shiva steht, lehrt auch Demut, Besonnenheit und Vertrauen, vergleichbar dem christlichen „Dein Wille geschehe".

Shiva steht auch für die höchste göttliche Macht, vor der wir uns in Liebe verneigen und von deren Weisheit wir uns leiten lassen, da sie unserem Wesenskern entspricht.

Dies ist ein Mantra für Zeiten der Wandlung und des Lernens, für Neuanfänge und für glückseliges Vertrauen in die eigene göttliche Kraft.

*Om tryambakam yajamahe sugandhim pushtivardhanam*
*urvarukamiva bandhanan mrityor mukshiya mamritat*

„Wir verehren den dreiäugigen Gott, der voll des süßen Duftes
ist und Stärke und Gedeihen fördert. Möge er mich so mühelos
von Bindung befreien, mit glattem Schnitt, so wie die reife
Gurkenfrucht von der Gurkenpflanze abgetrennt wird."

Der dreiäugige Gott ist Shiva. Mit zwei Augen erblickt er das
physische Universum, mit seinem dritten Auge erschaut er die
Weisheit und gewinnt Erkenntnis. Die Energie Shivas wird mit
diesem Mantra beschworen, um Krankheit zu überwinden und vor
Unfällen zu schützen. Shivas befreiende Kraft bezieht sich hier auf
Gesundheit, langes Leben und die Überwindung des Todes.

### Hari Om Shiva Om
### Shiva Om Hari Om Hari Shiva
### Shiva Hari Om

Mantra, um die kraftvolle, „männliche" Energie Shivas in sich
zu erwecken und dort Stärke und Selbstbewußtsein zu fördern.

### Om satyam Shivam sundaram

Mantra, das Shiva als Quelle von Wahrheit, Liebe und Schönheit preist.

### Shiva

„Der Gütige", „Der Freundliche" – Shiva besitzt als göttliche
Kraft sehr viele Erscheinungsformen und Aspekte. Shiva-Verehrer
üben sich unter anderem in der Anrufung der „tausend Namen
Shivas", was mit der Anrufung der tausend Namen Allahs im Islam vergleichbar ist. Jede bedeutende hinduistische Gottheit be-

sitzt 108 oder 1008 Namen oder Eigenschaften, die wie Mantras rezitiert werden. Zu den Namen Shivas gehören zum Beispiel:

*Nataraja*: „Der König des Tanzes", das ist Shiva, der im Flammenkreis Schöpfung, Erhaltung, Zerstörung sowie Verkörperung und Befreiung tanzt.

*Shambhu*: „Der glücklich macht"

*Shankara*: „Der Heilbringende"

### Om namo bhagavate Vasudevaya

„Ich neige mich vor dem Herrn Vasudeva." – Anbetungsmantra der Anhänger von Vishnu, „der in allen Dingen wohnt". Vishnu („Der Wirkende") zählt mit Brahma und Shiva zu den höchsten hinduistischen Gottheiten. Er steht für die Kräfte der Erhaltung. Das Mantra beschwört den Einklang mit der kosmischen Ordnung. Es ist ein Mantra für ein befreites Leben in Harmonie.

### Om namo Narayanaya

Wörtlich: „Ich verbeuge mich vor Narayana", in der Bedeutung „Ehre sei Vishnu", „Ehre sei Gott im Menschen".

Von dem hinduistischen Gott Vishnu wird gesagt, daß er sich immer wieder inkarniert, um den Menschen bei ihrer Weiterentwicklung zu helfen. Einer seiner Namen ist Narayana; er bedeutet „Das Göttliche, das im Menschen seinen Weg nimmt".

Es ist ein Anbetungsmantra der Vishnu-Anhänger und auch eine Grußformel unter Mönchen und spirituell Suchenden. Das Mantra kann helfen, sich selbst und den anderen zu achten und das Göttliche in jedem zu sehen.

*Om Narayanaya vidmahe*
*vasudevaya dhimahi*
*tan no Vishnu pracodayat*

Lobpreisung von Vishnu im Gayatri-Versmaß, mit der die Gottheit geehrt und ihre Energie im Menschen erweckt wird. Dieses Mantra ist eine Anrufung der haltgebenden, ordnenden Kräfte, es fördert Stabilität und Ausgeglichenheit.

### Shriman Narayana Narayana

Dem für seine Gottesliebe legendären Seher des Rigveda mit Namen Narada wird dieses Mantra zugeschrieben. Er soll es in den drei Welten singen und damit das Göttliche, das in allem existiert, preisen.

### Hari Om

Hari („Vertreiber der Sünden") ist der Name für das Göttliche als Vishnu und auch als Krishna, der eine Inkarnation Vishnus ist.

Mit dem Mantra wird die Gegenwart des höchsten Göttlichen herbeigerufen. Es weckt die Kräfte der Heilung, Vergebung, Erlösung und Befreiung. Es ist ein Gebet für die Erhaltung der Welt.

### Om hrim hram rim ram Vishnushaktaye namah

Mantra, das die Energie von Vishnu beschwört, um sich damit von Krankheit zu befreien.

### Om hrim kshraum krom hum phat

Schutzmantra zur Befreiung von negativen Einflüssen, das die Energie von Narasimha beschwört. Narasimha („Löwenmensch") ist eine Inkarnation von Vishnu. Er steht für die Wendung vom

Tier- zum höheren Bewußtsein, das im Menschen voll erwachen kann.

*Om devakinandanaya vidmahe*
*vasudevaya dhimahi*
*tan nah Krishnah pracodayat*

Lobpreisung Krishnas im Gayatri-Versmaß, mit der die Gottheit geehrt und ihre Energie im Menschen geweckt wird. Krishna („Der Dunkle") ist eine Inkarnation von Vishnu und der beliebte, übermütige Held zahlreicher Legenden. Er ist unter anderem der Flötenspieler, wobei die Flöte die Menschen symbolisiert, die von ihm belebt und harmonisch zum Klingen gebracht werden. Er ist der „Erhabene" der Bhagavadgita („Gesang des Erhabenen"), in der er das höchste Göttliche verkörpert. Krishna steht für Gottesliebe und Glückseligkeit.

### Klim Krishnaya namah

Krishna-Mantra für Erfolg und Gedeihen

### Krishna Govinda Gopala

Govinda („Kuhhirt") und Gopala („Kuhschützer") sind zwei Beinamen von Krishna, der in seiner Jugend bei den Hirten lebte und den schönen Hirtinnen Streiche spielte. Govinda (Sanskrit: *go* = Erde, Kuh) weist auf seine Verbindung zur Erde und seine Sinnlichkeit hin. Im Bhakti-Yoga, dem Weg der Hingabe und Liebe zu Gott, wird zwischen verschiedenen Stufen oder Formen unterschieden, und Gopala drückt dort eine spirituelle Liebesenergie aus, die mit hingebungsvoller elterlicher Liebe zu dem göttlichen „Kind" umschrieben wird.

### Radhe Govinda

Das Hirtenmädchen Radha ist in der hinduistischen Mythologie die Gespielin von Krishna, der den Beinamen Govinda („Kuhhirt") trägt. Radha symbolisiert die Menschheit oder auch die Einzelseele eines Suchenden, während Krishna die göttliche Energie verkörpert. Das Mantra unterstützt und begleitet die Suche nach dem Göttlichen und die Hingabe an das höchste Prinzip.

### Govinda jai jai
### Gopala jai jai

Jai (oder jay, jaya) bedeutet Sieg, Ruhm, Ehre. Das Mantra preist Krishna und weckt die Gottesliebe.

### Haraye namah Krishna Yadavaya namah
### Gopala Govinda Rama Shri Madhusudana

„Dem Hara, dem Krishna aus dem Yadava-Klan Ehrerbietung. Du, der du auch Gopala bist, Govinda, Rama, Shri Madhusudana."

Mantra des indischen Heiligen Chaitanya (1486–1534), der als ekstatischer Gottsucher dem kasten- und glaubensübergreifenden Weg der Liebe und Hingabe (Bhakti-Yoga) folgte und das Singen zu Ehren des Göttlichen (Kirtana) sowie Japa intensiv praktizierte. Er war ein Anhänger Krishnas und wird selbst als eine Inkarnation Krishnas verehrt (siehe Gunhild Jellinek, in: *Huchzermeyer, Mantra-Kraft*).

Das Mantra, das Krishna preist, wird – wie immer bei der Rezitation göttlicher Namen – voller Hingabe, mit Herz und Seele, gesungen oder gechantet.

### Om Krishna guru

Das Mantra ist eine Huldigung Krishnas. Swami Sivananda Radha (*Mantras – Words of Power*) zufolge kann es helfen, seinen Guru zu finden. Gibt Unterstützung, um sich für die Aufnahme neuer Impulse persönlichen Wachstums bereit zu machen und sich für spirituelle Führung und göttliche Lehren zu öffnen.

### Hare Rama Hare Rama
### Rama Rama Hare Hare
### Hare Krishna Hare Krishna
### Krishna Krishna Hare Hare

„Mein Gott Rama! Mein Gott Krishna!" – Rama („Der uns mit unendlicher Freude erfüllt") und Krishna („Der uns zu sich zieht") sind Inkarnationen von Vishnu. Hare ist die Anredeform von *Hari* (Name von Vishnu) und bedeutet „Der unser Herz in Besitz nimmt". Diese Anrufung der höchsten Energien war ein Hauptmantra des indischen Heiligen Chaitanya. Es zielt auf Befreiung und Gottverwirklichung.

### Om ekadantaya vidmahe
### vakratundaya dhimahi
### tan no Danti pracodayat

Lobpreisung Ganeshas im Gayatri-Versmaß, um sich seines Segens zu versichern und seine aufbauenden Energien in sich selbst zu erwecken. Der freundliche elefantenköpfige Ganesha soll im ersten Chakra wohnen. Er hilft, Hindernisse zu überwinden. Er schenkt Schutz und Beistand für neue Unternehmungen oder auch für Reisen und die Hochzeit. Er verkörpert die Energie des weltlichen und spirituellen Erfolgs. Der beliebte Ganesha wird vorzugsweise bei Tagesanbruch verehrt. Sein Mantra fördert das Selbstvertrauen.

### Om shri maha Ganapataye namah

„Ich verbeuge mich vor dem großen Gott Ganesha." – Ganapati ist ein anderer Name für Ganesha. Das Mantra weckt das Selbstvertrauen und die Kraft, auch schwierige Hürden zu meistern. Es ist eine Bitte um Erfolg.

### Om gam Ganapataye namaha

„Ehre sei Ganesha." – Es ist ein Segensspruch für einen Neubeginn. Man bittet damit um Erfolg und um die Kraft, Schwierigkeiten zu überwinden. Dies ist ein Mantra für Zeiten des Neubeginns.

### Om Ganesha namah Om

„Ehre sei Ganesha." – Mantra, um ein Vorhaben gut auf den Weg zu bringen und Segen für ein neues Projekt zu erbitten.

### Hrim gam Ganapataye gam hrim

Ganesha-Mantra für Glück in Ehe und Partnerschaft

### Om sarvasammohinyai vidmahe
### visvajananyai dhimahi
### tan nah Shaktih pracodayat

Lobpreisung Shaktis im Gayatri-Versmaß, mit der die weibliche kosmische Kraft angerufen und ihre Energie im Menschen geweckt wird. Shakti (Sanskrit: Kraft, Macht, Energie) ist die dynamische schöpferische Urkraft des Ewigen, Absoluten (*brahman*), die sich in den verschiedensten Erscheinungsformen zeigt. Sie gilt als die Mutter des Universums. Alles, was lebt und atmet, ist eine Form Shaktis.

### Adi Shakti namo

„Ich verneige mich vor der Kraft der Göttin", „Ich ehre die kosmische Energie". – Mantra, um die schöpferische Kraft zu wecken, ohne die das Göttliche nicht erfaßt und ausgedrückt werden kann.

### Shakti Shakti dhanyavad
### Shakti Shakti Adi Shakti Adi Shakti dhanyavad

„Dank an die Urkraft der Göttin." – Ehrung der dynamischen schöpferischen Energie, die an allem Anfang steht, und des weiblichen Prinzips, durch das alles Gestalt und Leben erhält.

### Om katyayanyai vidmahe
### kanyakumaryai dhimahi
### tan no Durga pracodayat

Lobpreisung Durgas im Gayatri-Versmaß, mit der die Kraft der großen Mutter geehrt und ihre Energie im Menschen erweckt wird. Durga („Die Unergründliche", „Die Schwerbesiegbare") ist die hinduistische Verkörperung der großen Muttergöttin, die verschiedene gütige Aspekte der Bewahrung, aber auch schreckenerregende Aspekte der Zerstörung und Auflösung in sich birgt. Sie bietet Nahrung, Schutz und schenkt Wohltaten.

### Om hrim dum Durgayai namah

Anrufung von Durga als der Bezwingerin von negativen Kräften, um sich zu schützen

*Om shri Durgayai namah*

„Ich verbeuge mich vor Durga." – Ehrung der großen Mutter, Bitte um Schutz und Geborgenheit, vitale Kraft

*Jaya Durga devi*

„Sieg der Göttin Durga." – Dieses Mantra ist eine Ehrung der großen Mutter und Königin der Welt.

*Om dum Durgayai namaha*
*Om krim Kalikayai namaha*

Ehrung und Anrufung der großen schützenden und bewahrenden Mutter (Durga) und ihres auflösenden, zerstörerischen Aspekts (Kali), der Negatives und Niederes überwindet. Es ist ein Mantra, um Gefahren und Bedrohungen abzuwehren, Sorgen und Ängste aufzulösen und sich vor Krankheit zu schützen.

*Om hrim Adyayai vidmahe*
*parameshvaryai dhimahi*
*tan no Kali pracodayat*

Lobpreisung Kalis im Gayatri-Versmaß, mit der die Kraft der „dunklen Mutter" geehrt wird und ihre läuternde Energie im Menschen erweckt wird. Kali symbolisiert unter anderem die Kreisläufe von Geburt und Tod, Werden und Vergehen. Sicherheit und Erfolg stellen sich ein, wenn man sich unerschrocken dieser transformierenden Energie hingibt.

Die machtvolle Kali („Die Schwarze") wird meist mit einer Halskette aus Totenschädeln dargestellt. Spirituell gedeutet, stellt diese Kette nach Arthur Avalon eine *Girlande der Buchstaben* dar.

Die fünfzig Sanskrit-Buchstaben stehen für die Namen und For-men dieser Welt, die durch die weibliche Kraft Shakti, von der Kali eine Erscheinungsform ist, aus dem Urgrund hervorgebracht wurden und von ihr auch wieder zurückgenommen werden. Der Kranz zeigt an, daß es dann keine Trennung mehr gibt und alle Dualität im ewigen Einen aufgehoben ist.

### Kali Durge namo nama

Anrufung und Ehrung der schützenden, abwehrenden und lie-bevollen, erhaltenden Kräfte der großen Mutter, um Geborgenheit und Sicherheit zu gewinnen.

### Jai, jai Kali Ma

„Sieg der Mutter Kali." – Mantra zur Überwindung von Hin-dernissen, um Vertrauen in das Leben zu gewinnen

### Om Kali Ma

Huldigung der göttlichen Mutter in Gestalt der Zerstörerin von Illusionen und damit der Befreierin und Lebenspenderin

### Om shri maha Kalikayai namah

„Ich verbeuge mich vor der großen Mutter Kali." – Anrufung der intensiv reinigenden, verwandelnden, erneuernden kosmi-schen Kraft, um Begrenzendes und negative Eigenschaften loszu-lassen, Altes zu verabschieden und Mut für das Neue zu finden.

*Om vagdevyai ca vidmahe*
*kamarajaya dhimahi*
*tan no Devi pracodayat*

Lobpreisung Sarasvatis im Gayatri-Versmaß, mit der die Kraft der Weisheit geehrt und diese Energie im Menschen erweckt wird. Sarasvati verkörpert das Wort und damit verbunden Beredsamkeit, Intelligenz und Gelehrsamkeit. Das göttliche Wort drückt sich dank ihrer Kraft auch durch die Schrift, durch Dichtung, die Wissenschaften sowie durch die bildenden Künste und die Musik aus. Sarasvati schenkt Kultur; ihre Energie unterstützt schöpferische, künstlerische Tätigkeiten.

*Om aim Sarasvatyai namah*

„Ich verbeuge mich vor Sarasvati." – Eine Ehrung und Aktivierung von Weisheit, Intelligenz und Ideenreichtum; Hilfe, um künstlerische Talente zu entfalten

*Om mahadevyai ca vidmahe*
*Vishnupathnyai ca dhimahi*
*tan no Lakshmih pracodayat*

Lobpreisung Lakshmis im Gayatri-Versmaß, mit der die Kraft der Fülle geehrt und die Energie von Wohlstand und Reichtum im Menschen erweckt wird. Lakshmi („Die Schöne") gilt als die Gemahlin von Vishnu. Sie wird als Glücksbringerin und Segenspenderin verehrt. Sie gewährt Wünsche und sorgt für materiellen und spirituellen Reichtum.

*Om shrim maha Lakshmyai svaha*

„Ich ehre die große Göttin des Wohlstands." – Bitte um Segen, Schutz und Wohlergehen. Das Mantra hilft, Armutsdenken und andere begrenzende Muster wie Gier und Neid abzustreifen. Es lehrt Anerkennung und Ehrung der geistigen und damit auch materiellen Fülle, die jedem zur Verfügung steht. Es unterstützt gute Geschäfte und Wunscherfüllung und steht für inneren Reichtum, der sich auch im Außen zeigen darf.

*Om dasarathaye vidmahe*
*Sitavallabhaya dhimahi*
*tan no Ramah pracodayat*

Lobpreisung Ramas im Gayatri-Versmaß, mit der das höchste Selbst geehrt und die Energie der Freude im Menschen erweckt wird. Rama („Jubel", „Freude", „Entzücken") ist im Hinduismus eine Inkarnation Vishnus. Diese göttliche Verkörperung hat das Ziel, Friedfertigkeit und Gelassenheit im Menschen zu erwecken.

Rama ist auch der göttliche Held des ältesten hinduistischen Epos, des Ramayana, das unter anderem die Treue von Ramas Gefährtin Sita feiert. Die Verbindung von Rama und Sita gilt als Vorbild für die Beziehung zwischen Mann und Frau.

### Rama

„Beständige Freude", „Unendliche Freude" (von Sanskrit: *ram* = sich freuen). – Es ist ein altes, universales Mantra. Das letzte Wort des von den Kugeln eines Attentäters getroffenen Mahatma Gandhi war sein Mantra *Rama*.

*Om shri Ramaya namah*

„Ich verneige mich vor Rama." – Ehrung des spirituellen Selbst, fördert Lebensfreude und innere Gelassenheit.

*Om shri Ram jai Ram jai jai Ram*

„Siegreicher Rama, dein ist der Sieg", „Sieg dem Gott", „Ehre sei Rama", „Es möge Freude herrschen".

Unterstützt die Überwindung von Streit und Krieg, fördert innere Ruhe und Freude, Rechtschaffenheit und Friedfertigkeit. Hilft dabei, sich den Kräften des Ausgleichs zu überlassen.

*Shri Rama Rama Rameti, Rame Rame Manorame*
*Sahasranama Tattulyam, Rama Nama Varanane*

Dies Mantra ist eine Anrufung der Namen Ramas. Es aktiviert die göttlichen Kräfte von Freude, Friedfertigkeit und Gelassenheit.

*Om shri Hanumate namah*

„Ich verbeuge mich vor Hanuman." – Dem hinduistischen Affenkönig Hanuman oder Hanumat („Großer Held") werden heilende und magische Kräfte zugesprochen. Er bringt Gesundheit und beseitigt ungünstige planetarische Einflüsse.

Hanuman verkörpert im Ramayana-Epos den treuen, selbstlosen Diener. Er symbolisiert damit auch erstrebenswerte Eigenschaften wie Hingabe, Mut und innere Stärke.

*Ham Hanumate namah*

„Ehre sei Hanuman." – Dieses Mantra aktiviert Heilungskräfte.

Es hilft, negative Einflüsse abzuwehren und verschafft Schutz und Sicherheit.

### Jai shri Hanuman

„Sieg dem ehrwürdigen Hanuman."
Für die Überwindung von Hindernissen und Krankheit, fördert die Heilung.

## Die Mahavakyas

### Prajnanam brahma

„Bewußtsein ist Brahman." – Dies ist der erste von vier Lehrsätzen der Vedanta-Philosophie, die aus den vedischen Schriften stammen und als Mahavakyas („Großes Wort") bezeichnet werden. Sie alle lehren, daß Gott – das höchste absolute Prinzip (*brahman*) – und der Mensch ein und dasselbe sind.

### Aham Brahmasmi

„Ich bin Brahman", „Ich bin Gott", „Ich bin universelles Bewußtsein". – Dies ist der zweite Lehrsatz oder das zweite „Große Wort", um seine göttliche Natur zu erkennen und in der Meditation zu erfahren, daß jede einzelne Seele Teil der einen großen kosmischen Seele ist.

### Tat tvam asi

„Das bist du", „Es bist du", in der Bedeutung: „Deine wahre Realität ist göttlicher Natur", „ Du bist Gott".
Dies ist der dritte aus dem Chandogya-Upanishad stammende Lehrsatz über die Wesensgleichheit des Menschen mit dem Göttlichen.

### Ayam atma Brahma

„Dieses Selbst ist Brahman." – Vierter Lehrsatz, der besagt, daß das wahre Selbst mit Gott identisch ist.

\*\*\*

### Satyam eva jayate

„Wahrheit allein triumphiert." – Das Mantra stammt aus den Upanishaden („Sich nahe zu jemandem – dem Guru – niedersetzen"), die als vedische Schriften eine Quelle vieler Mantras sind. Es hilft, die Kräfte der Wahrhaftigkeit in sich zu wecken und seine Wahrheit, sein wahres Selbst zu leben. Es öffnet den Weg, um dem Göttlichen im Menschen zum Sieg zu verhelfen.

### Om tat sat

„Das ist absolutes Sein", „Sein ist absolutes Sein", „Das Eine ohne ein Zweites". – Alles, was sich in der Welt offenbart, ist Gott. Alles hat göttlichen Charakter. Das Mantra lehrt, in allem das Göttliche zu sehen und in dieser Wahrheit zu leben. Es hilft, die Illusion der Getrenntheit zu durchschauen.

### Aham

„Ich" – Ich ist der Name Gottes (Ramana Maharshi). Ich ist reines Bewußtsein. Das Mantra hilft, sein wahres göttliches Selbst zu erkennen und zu leben. Allen Mantras aus Hinduismus und Buddhismus liegt die Vorstellung zugrunde, daß es nur eine Energie, ein Urprinzip gibt, das in allem enthalten ist und sich in den verschiedensten Erscheinungsformen zeigt, so auch in jedem einzelnen Menschen.

### Aham asmi

„Ich bin das", „Ich bin Shiva". – Mein Selbst und das Göttliche, das sich in den verschiedensten Formen zeigt und in den Welten tanzt, sind eins.

### Aham devi na canyosmi

„Ich bin die Göttin, nichts anderes." – Ich bin mir meiner weiblichen schöpferischen Kraft bewußt und ehre sie. Ich lebe meine weibliche Kraft.

### Jai mahamaya ki jai

„Ehre und Preis der göttlichen Schöpferkraft des Urbeginns", „Sieg der großen Mutter", „Sieg der göttlichen Kraft".

Mantra des indischen Heiligen Haidakhan Wale Baba (gestorben 1984), genannt Babaji.

### Amba parameshvari akhilandeshvari
### adi para shakti palaya mam

„Höchste Mutter-Göttin, Kaiserin des Universums, höchste Ur-Energie, rette mich." – Anrufung der kosmischen schöpferischen, mütterlichen Kraft. Aus dem Textbuch für Bhajans (Lobgesänge) von Mata Amritanandamayi.

### Jaya jaya Devi Mata namaha

„Ehre der göttlichen Mutter", „Ich verneige mich vor der göttlichen Mutter". – Lobpreisung und Anrufung der schöpferischen weiblichen Ur-Energie.

## Jaya Ma

„Sieg der großen Mutter." – Dieses Mantra ist eine Anrufung der göttlichen Mutter.

## Om mata
## Om ma

Auch dieses Mantra ist eine Anrufung der göttlichen Mutter.

## Om tare tutare ture svaha

Das Mantra der göttlichen Mutter in Gestalt der im tibetischen Buddhismus hoch verehrten Tara. Die weibliche Gottheit Tara („Retterin", „Stern") verkörpert die Energie des Erbarmens. Es werden 21 verschiedene Formen der Tara unterschieden. Der Legende zufolge entstand Tara aus einer Träne von Avalokiteshvara, dem Bodhisattva des Mitgefühls und Erbarmens.

## Om hum vajrange mama
## raksa phat svaha

Das Mantra der tibetischen Göttin Ekajata („Die nur einen Haarschopf hat"), die ihren Anhängern, die das Mantra hunderttausendmal rezitieren, Glück bringt. Ekajata ist die schreckenerregende Erscheinungsform der Göttin Tara.

## Ya Devi sarvabhutesu
## ratna rupena sangsthita
## nastasvai namastvai
## namastvai namo namah

„Ich verbeuge mich vor der höchsten Göttin, die in allen

menschlichen Wesen in Gestalt materiellen Reichtums und Wohlstands weilt, ich verbeuge mich und verbeuge mich abermals."

Mantra, das Sri Chinmoy einer seiner Schülerinnen gab, damit sie ihre Geldprobleme lösen konnte. Es verbessert die finanzielle Lage und bezieht sich ausdrücklich nur auf materiellen Reichtum.


## Das Metta-Sutta

*Sabbe satta bhavantu sukhitatta* (Pali)

oder

*Lokaha samastaha sukhino bhavantu* (Sanskrit)

„Mögen alle Wesen in allen Welten glücklich sein", „Möge es allen Wesen aller Welten wohlergehen".

Zentrale Aussage des „Sutra von der Güte" (Pali: Metta-Sutta; Sanskrit: Maitri-Sutra), einer kurzen Lehrrede, die von den Mönchen und Laien des Theravada-Buddhismus täglich rezitiert wird.

Güte und Wohlwollen für alle Wesen (Pali: *metta*, Sanskrit: *maitri*), die Läuterung des Herzens und die Auslöschung von Haß, das ist im Theravada-Buddhismus eine der wichtigsten anzustrebenden Grundhaltungen auf dem Weg zur Erlösung. Weitere Tugenden sind Mitgefühl (*karuna*), Mitfreude (*mudita*) und Gleichmut (*upeksha*).

Das Mantra hilft dabei, in allen Lebenssituationen friedvolle Güte zu zeigen, Verhärtungen zu lösen und sich durch die Kraft des Wohlwollens und der Güte zu wandeln.

*Form ist nichts als Leere, Leere ist nichts als Form.*

Kernsatz des kurzen Herz-Sutras aus dem Prajnaparamita-Sutra, das zu den Haupttexten des Mahayana-Buddhismus und speziell des Zen-Buddhismus gehört. Es wird von Ordensleuten und Laien vor allem in Tibet, China und Japan täglich rezitiert. Man bezeichnet es auch als Mantra der vollkommenen Weisheit.

In der zweiten Strophe des Herz-Sutras spricht der Bodhisattva Avalokiteshvara zu einem der Jünger Buddhas:

*Iha Sariputra rupam sunyata sunataiva rupam,*
*rupam na prithak sunyata sunyataya na prithag rupam,*
*yad rupam sa sunyata tad rupam;*
*evam eva vedana-samjna-samskara-vijnanam.*

„Höre Sariputra, Form ist Leerheit, Leerheit ist Form; Form ist nichts als Leerheit; Leerheit ist nichts als Form. Dasselbe gilt für Empfindung, Wahrnehmung, geistige Impulse, Bewußtsein."

Thich Nhat Hanh erläutert in seinem Kommentar des Herz-Sutras (*Mit dem Herzen verstehen*), daß Leerheit die Basis von allem ist, denn sie macht Empfangen möglich.

Das Herz-Sutra endet mit dem Mantra:

*Gate, gate, paragate, parasamgate, bodhi svaha*

(Japanisch:) *Gyate gyate hara gyate hara so gyate bodhi so waka*

Wörtlich in den Übersetzungen: „Gegangen, gegangen, über alles hinaus, über alles ganz und gar hinausgegangen – Erleuchtung, Heil", „Gegangen, gegangen, den ganzen Weg hinübergegangen, alle hinübergegangen zum anderen Ufer, Erleuchtung, Lobpreis", „Geht, geht zusammen ans andere Ufer, geht alle zusammen zur Vollkommenheit des Erwachens, Erleuchtung und Heil", „Jenseits, jenseits des Jenseits, jenseits der entferntesten Ufer, Erleuchtung, Ehre".

Dieses Mantra des Bodhisattvas Avalokiteshvara wird von Zen-Mönchen täglich rezitiert. Es ist als Anrufung der übergeordneten Weisheit zu verstehen. Nach John Blofeld (*Mantra – Die Macht des heiligen Lautes*) lindert es Leiden. Es kann als Erinnerung verstanden werden, ganz im Augenblick zu leben.

Thich Nhat Hanh erklärt, daß das Mantra die Essenz des Herz-Sutras darstellt. Es gibt Halt, um innerlich Frieden zu schließen und Angst zu überwinden, denn: „Im Lichte der Leerheit ist alles auch alles andere; wir bedingen und durchdringen einander, und jeder Mensch ist verantwortlich für das, was im Leben geschieht" (*Mit dem Herzen verstehen*, S. 89).

\*\*\*

**Buddham saranam gachchami,**
**dhammam saranam gachchami,**
**sangham saranam gachchami.**

(Pali) „Ich nehme meine Zuflucht zum Buddha, ich nehme meine Zuflucht zur Lehre, ich nehme meine Zuflucht zur Gemeinschaft."

Es handelt sich hierbei um das buddhistische Glaubensbekenntnis (Trisharana), das täglich rezitiert wird. Dieses Bekenntnis zu den „Drei Kostbarkeiten" bezieht sich auf Buddha als Lehrer, auf das Dharma als Lehre Buddhas und auf die als Sangha bezeichnete buddhistische Gemeinde, bestehend aus Mönchen, Nonnen und Laienanhängern.

### Om namo Amitabha

„Ich verneige mich vor dem grenzenlosen Licht", „Ich ehre den Buddha Amitabha".

Dies ist das Mantra des Buddhas Amitabha („Grenzenloses Licht", „Von unermeßlichem Glanz"; Japanisch: Amida), der im Mahayana-Buddhismus, insbesondere in der Schule des Reinen Landes des chinesischen und japanischen Buddhismus, verehrt wird. Er ist der Buddha der Weisheit und des Mitgefühls.

### Namu Amida Butsu

(Japanisch: *namu* = Ich nehme meine Zuflucht, *butsu* = Buddha) „Ich nehme meine Zuflucht zu Buddha Amida", „Verehrung dem Buddha Amida". Chinesisch: *O-mi-to-fo*

Diese Verneigung vor dem Buddha Amida (Sanskrit: Amitabha) ist das Hauptgebet und Mantra der buddhistischen Schule des Reinen Landes (Japanisch: Jodo-shu, Chinesisch: Ching-tu-tsung, Sanskrit: Sukhavati). Als Reines Land wird hier das Westliche Paradies bezeichnet, in dem Amitabha herrscht. Das Rezitieren seines Namens dient dazu, Wiedergeburt im Reinen Land zu erlangen.

Das Rezitieren des Namens und die innere Vergegenwärtigung von Buddha Amida wird Nembutsu genannt (Chinesisch: *nien fo*). Das tiefe Vertrauen in Amida ist zusammen mit dem hingebungsvollen Rezitieren seines Namens ein Weg, das Reine Land – das Paradies, die höchste Seligkeit – in sich selbst entstehen zu lassen. Der Mönch Kuya (903–972) lehrte auch die Technik des Singens des Buddha-Namens zu rhythmischer Bewegung und Tanz.

### Om Ami deva shri

Mantra für die Meditation auf Amitabha, den Buddha des grenzenlosen Lichts. Es hilft, Vertrauen und Mitgefühl zu entwickeln.

### Hsum Hayashirase namah

Mantra des schreckenerregenden pferdeköpfigen Hayagriva, der im Buddhismus als Erscheinungsform von Amitabha verehrt wird. In Tibet ist er eine Schutzgottheit. Das Mantra soll die Redegewandtheit wecken (Ramachandra Rao, *Tantra*).

### Nam Myoho Renge-kyo

„Verehrung dem Sutra des Lotos des guten Gesetzes." (Japanisch: *nam* = Ich-Kraft, *myoho* = Gesetz des Jenseitigen, *renge* = karmisches Gesetz, *kyo* = Sprache)

Mantra der japanischen buddhistischen Nichiren-Schule, die sich nur auf das Lotos-Sutra stützt. Nach dem Begründer der Schule, Nichiren (1222–1282), birgt der Titel des Sutras bereits die Information des gesamten Inhalts und damit auch die Essenz der Lehre Buddhas. Als Mantra gesprochen, kann die Formel *Nam Myoho Renge-kyo* diese Energien wecken, so daß ein Mensch allein durch das intensive Rezitieren Erlösung erlangt.

### Hung vajra peh

Das Mantra ist die tibetische Anrufung von Vajrapani („Der einen Donnerkeil in der Hand hält"), der als Bodhisattva der spirituellen Lehren gilt. Der Donnerkeil (*vajra*) ist ein Symbol der Kraft und des Mitgefühls. Das Mantra unterstützt Reinigung und Läuterung.

*Om vajra sattwa hung*
Tibetische Anrufung des Bodhisattva Vajrapani zur Unterstützung von Reinigung und Läuterung

*Om hum phat*
Tantrisches Mantra zum Bannen und Austreiben von negativen Kräften

*Om asatoma sadgamaya*
*Tamasoma jyotirgamaya*
*Mrityorma amritamgamaya*
„Von der Unwirklichkeit führe mich zur Wirklichkeit", „Führe uns von der Unwahrheit zur Wahrheit", „Führe uns von der Dunkelheit zum Licht", „Führe uns vom Tod zur Unsterblichkeit".

Das Mantra stammt aus dem Brihad-Aranyaka-Upanishad. Es hilft, die großen und kleinen Lebensübergänge zu meistern. Es dient der Vorbereitung und Unterstützung, wenn ein neuer Abschnitt beginnt, auch der Vorbereitung auf den Tod oder auf eine Geburt.

*Om shri dhanvantre namah*
„Willkommen, himmlischer Arzt." – Das Mantra dient der Heilung und bringt Hilfe. Es unterstützt dabei, wieder in die eigene Mitte zu gelangen, sich für den inneren Arzt zu öffnen und auf ihn zu hören.

*Tejohasi tejomayi dhehi*
*Viryamasi viryam mayi dhehi*
*Valam masi valam mayi dhehi*

„Ich bete für dynamische Energie. Ich bete für dynamische Kraft. Ich bete für unbezwingbare körperliche Stärke." – Sri Chinmoy empfiehlt dieses Mantra, um die körperliche Konstitution zu stärken.

*Sarve bhavantu sukina.*
*Sarve santu niramayah.*
*Sarve bhadrani pashyantu.*
*Ma kashchid dhukhbhag bhavet.*

„Mögen alle Wesen glücklich sein. Mögen alle Wesen frei von Krankheit sein. Mögen alle Wesen das Gute sehen. Möge niemand leiden."

Das Mantra hilft, Güte, Mitgefühl und Friedfertigkeit zu entwickeln. Es fördert die Fähigkeit, die Verantwortung für sich selbst und andere zu übernehmen. Es unterstützt den Menschen dabei, im Bewußtsein der Verbundenheit aller mit allem zu leben.

*Om shanti*

oder

*Om shanti, shanti, shanti*

„Frieden" – Es bedeutet, im Namen des Friedens zu sprechen. Die Worte werden oft am Ende eines Mantras als Segens- und Abschlußformel rezitiert. Sai Baba erklärt, daß das Wort Frieden dreimal wiederholt wird, „um die drei Quellen des Leidens zum Versiegen zu bringen, welche dem Verhältnis des Menschen zur materiellen, geistigen und spirituellen Welt entspringen" (*Der Weg nach Innen*, S. 88). Es handelt sich um eine Bekräftigung und einen Segensspruch für den inneren und äußeren Frieden.

# Christentum

Jesus lehrte, allzeit zu beten und darin nicht nachzulassen (Lukas 18,1). Im Christentum entwickelte sich deshalb in frühester Zeit die spirituelle Übung der intensiven Wiederholung gleichbleibender Gebetsformeln. Die ersten Christen wiederholten kurze Bibelverse, den Namen von Gottvater und Jesus Christus sowie Stoßgebete, ähnlich wie es im Buddhismus und Hinduismus beim Japa geschieht. Mönche praktizierten ab dem 4. Jahrhundert eine meditative Form des Gebets, das heute als Jesus- oder Herzensgebet bekannt ist. Diese Gebetsform ist das christliche Mantra.

Zu den christlichen Mantras zählen weiterhin das *Ave Maria* und das *Vaterunser*, wenn sie beim Rosenkranzbeten viele Male wiederholt werden. Auch die festen, immer wiederkehrenden Bestandteile der katholischen Messe – das *Kyrie*, das *Gloria*, das Glaubensbekenntnis (*Credo*), das *Sanctus* und das *Agnus Dei* – besitzen den Charakter eines Mantras.

Darüber hinaus wird in diesem Lexikon eine Auswahl von Bibelworten vorgestellt, die in der Tradition der Wüstenmönche und Frühchristen als Mantra dienen können.

## Das Ruhegebet

**Deus, in adiutorium meum intende.**
**Domine, ad adiutorium me festina.**

„Gott, komm mir zu Hilfe. Herr, eile mir zu Hilfe." (Psalmen 70,2) – Mantra des Mönches Cassian, der im 4. Jahrhundert von den Wüstenvätern, den Eremiten in der ägyptischen Wüste, das unablässige Gebet erlernte und es anschließend praktizierte und lehrte. Nach der benediktinischen Regel wird jedes Stundengebet mit dieser Formel eingeleitet.

Einige Deutungen besagen, daß sich dieses Mantra nicht auf Gottvater bezieht, sondern allein auf Christus. Nach dem Vorbild des unablässigen Gebets oder des Ruhegebets entstanden im Lauf der Zeit verschiedene Formen. Das Jesus- oder Herzensgebet ist eine von ihnen.

## Das Jesus- oder Herzensgebet

*Herr, Jesus Christus, Sohn und Wort des lebendigen Gottes,*
*auf die Bitten deiner reinsten Mutter und aller Heiligen,*
*habe Erbarmen mit uns und rette uns.*

Jesusgebet in der Tradition der frühen Christen und der Mönche vom Berg Athos.

*Herr Jesus Christus, erbarme dich meiner.*

oder

*Herr Jesus Christus, erbarme dich unser.*

oder

*Herr Jesus Christus, Sohn Gottes, erbarme dich unser.*

(Russisch: *Gospodi Jssússe Christé, Ssýne Bóschii pomílui nass.*) – Variationen des Jesusgebets, wie es durch einen anonymen Mönch in dem Buch *Aufrichtige Erzählungen eines russischen Pilgers* gelehrt wird. Der russische Pilger beschreibt darin eine sehr intensive Gebetspraxis mit dreitausend Wiederholungen pro Tag, die sich auf sechstausendmal pro Tag steigert.

Das Herzens- oder Jesusgebet wird ursprünglich mit Atemkontrolle und inneren Bildern geübt. Um die Technik zu erklären, zitiert der Erzähler, der russische Pilger, eine Anweisung des christlich-orthodoxen Mystikers Symeon (949–1022): „Setz dich still und einsam hin, neige den Kopf, schließe die Augen; atme recht leicht, blicke mit deiner Einbildung in dein Herz, führe den Geist, das heißt das Denken, aus dem Kopf ins Herz. Beim Atmen sprich, leise die Lippen bewegend oder nur im Geiste: Herr Jesus Christus, erbarme dich meiner. Gib dir Mühe, alle fremden Gedanken zu vertreiben. Sei nur still und habe Geduld und wiederhole diese Beschäftigung recht häufig" (S. 31). Im einzelnen heißt das: Beim Einatmen wird *Herr Jesus Christus* und beim Ausatmen *Erbarme dich meiner* gesprochen. Aus dem stillen Rezitieren mit der Konzentration auf das Herz und der Verbindung zum Atemrhythmus entsteht mit der Zeit ein selbsttätiges Gebet, das unwillkürlich aus dem Inneren des Herzens strömt und Ausdruck der mystischen Erfahrung der Einheit mit dem Göttlichen ist.


Anrufungen

. . . . . . . . . .

### Herr, erbarme dich.

Griechisch: *Kyrie eleison.* – Dies ist ein sehr alter, in der griechischen Antike verbreiteter volkstümlicher Gebetsruf. Er wurde im 5. Jahrhundert von der römischen Kirche übernommen und im 6. Jahrhundert ergänzt durch *Christus, erbarme dich – Christe eleison.*

*Kyrie eleison, Christe eleison.*
(Griechisch) „Herr, erbarme dich, Christus erbarme dich."

*Hab Erbarmen mit mir, Herr, du Sohn Davids.*
oder
*Herr, Sohn Davids, hab Erbarmen mit mir.*
oder
*Herr, Sohn Davids, hab Erbarmen mit uns.*
(Matthäus 15,22; 20,31; Markus 10,47) – An Christus gerichtete Stoßgebete der Frühchristen, die wie ein Mantra wiederholt wurden.

*Miserere nobis.*
(Lateinisch) „Erbarme dich unser."

*Maranatha.*
(Aramäisch) „Unser Herr, komm!", „Komm, Herr Jesus!" (Offenbarung 22,20; Korinther 1,22) – Es ist eines der frühchristlichen Mantras, deren Kraft heute wiederentdeckt wird. Mantra des Benediktiners John Main

*Komm, wahres Licht! Komm, ewiges Leben!*
Beginn einer Hymne des byzantinischen Theologen und Mystikers Symeon (949–1022), der zu den Meistern und Lehrern des Ruhe- oder Jesusgebets zählt. Er ist ein Vertreter des Hesychasmus (von Griechisch: *hesychia* = Ruhe, Stille), einer asketischen Bewegung von Mystikern der Ostkirche, die mit Mantras und Visualisierungen zu Einheitserfahrungen gelangten.

### Libera nos Domine.
(Lateinisch) „Befreie uns, Herr."

### Herr, rette mich!
(Matthäus, 14,30) – Stoßgebet des Petrus, der über das Wasser wandelt und kleingläubig wird.

### O Herr, hilf!
(Psalmen 118,25)

### Gott hilft.
Kurze Anrufung

### Lieber Gott
Anrufung und Anrede

### Geheiligt werde dein Name.
Lobpreisung, die im Frühchristentum als Mantra diente

### Herr, wie es dir gefällt und nach deinem Wissen, erbarme dich meiner.
Gebetstext für das Ruhegebet, einem Suchenden empfohlen von Makarius dem Ägypter (ca. 300–390), dem Begründer der Wüstenklöster

## Gott

*El, Eloah, Elohim* (Hebräisch), *Theos* (Griechisch), *Deus* (Lateinisch)

## Herr

*Adonai* (Hebräisch), *Kyrios* (Griechisch)

### Ich bin der ich bin.

(Hebräisch: *Ehieh asher ehieh*), auch in den Übersetzungen „Ich bin der Ich-bin-da“, „Ich werde sein, der ich sein werde“, „Ich bin der immerdar Werdende“ (Exodus 3,14).

Gott offenbart Moses seinen Namen, indem er aus dem brennenden Dornbusch spricht.

### Ich bin.

Oder „Der Ich-bin-da“ (Exodus, 3,15), in der Bedeutung „Der sich Gleichbleibende“. „Ich bin da“ läßt sich nach Martin Buber als „Gott ist immer gegenwärtig“ verstehen.

### Das Alpha und das Omega

Nach den Textstellen in der Offenbarung des Johannes: „Ich bin das Alpha und das Omega, spricht Gott, der Herr, der ist und der war und der kommt, der Herrscher über die ganze Schöpfung“ (1,8) und „Ich bin das Alpha und das Omega, der Erste und der Letzte, der Anfang und das Ende“ (22,13).

Alpha und Omega sind der erste und der letzte Buchstabe des griechischen Alphabets.

### Ewiges Sein
Ein Name für das Göttliche

### Alaha
(Aramäisch) „Das Eine", Gott

### Eloi
(Aramäisch) Gott, „Mein Gott". – Der Name Gottes, den Jesus am Kreuz ausruft (Markus, 15,35). Im griechischen Urtext des Evangeliums wurde er in aramäischer Sprache geschrieben.

### Eli
(Hebräisch für *eloi*) „Mein Gott" – Auch in der Bedeutung von „Hoch" als Kurzform von „Gott ist hoch"

### Vater
*Pataer* (Griechisch), *Pater* (Lateinisch) – Durch Christus wird Gott zum Vater. Diese Anredeform wurde von den Frühchristen übernommen.

### Abba
(Aramäisch) „Lieber Vater" – Anrede Gottes, die von Jesus gewählt wurde. Zeichen größter familiärer Nähe, Vertrautheit und Herzlichkeit; auch jüdische Kinder redeten ihren Vater so an. Der Benediktinermönch und spirituelle Lehrer Bede Griffith bezeichnet *Abba* als das Mantra von Jesus. Die Anrede *Abba* wurde als Gottesname von den frühen griechischsprachigen Christen unübersetzt beim Gottesdienst und beim Gebet gebraucht.

### Jesus

Griechisch-lateinische Version des hebräischen *Jeschua*

### Jeschua

Aus der älteren Form des hebräischen Jehoschua (Joschua) gebildet, das übersetzt „Der Herr ist Rettung", „Der Herr ist Heil" bedeutet.

### Joschua Immanuel

(Hebräisch) „Der Herr ist Rettung. Gott ist mit uns".

Immanuel („Gott ist mit uns") ist der Name, der im Alten Testament genannt wird, wenn das Kommen von Jesus verheißen wird (Jesaja 7,14; Matthäus 1,22-23). Es ist der Name für Jesus, der von dem Mystiker und spirituellen Lehrer Daskalos (✝ 1995) verwendet wurde.

### Jesus Christus

Von Christos = der Gesalbte, Aramäisch: *meschicha*, Hebräisch: *maschiach*, Griechisch: *Messias* – Der Gebrauch dieses Namens ist die älteste und einfachste Form des christlichen Bekenntnisses, daß Jesus der verheißene Messias ist. Im Gebet der Frühchristen wurde der Name Jesus immer mit einem Zusatz versehen:

*Herr Jesus (Christus)*
*Domine Jesu (Christe)*
*Kyrios Jesus Christus*
*Jesus Christus, Sohn Gottes*
*Joschua Maschia*

\*\*\*

## Amen

(Hebräisch) Wörtlich: „Gewiß", in der Bedeutung „So sei es", „So möge es sein", „Es geschehe".

Ausdruck von Wahrheit, festem Glauben, Treue; findet als Abschluß- und Bekräftigungsformel Verwendung. Nach dem Magier Israel Regardie ist es auch in der Bedeutung „Herr, getreuer König" eine kabbalistische Anrufung Gottes. Charles Panati (*Populäres Lexikon religiöser Bräuche und Gegenstände*) weist darauf hin, daß das Wort ägyptischen Ursprungs sei und als Anrufung des Gottes Amun gebraucht wurde. Die Hebräer hätten die Formel übernommen, mit neuer Bedeutung versehen und an die Christen weitergegeben.

## Halleluja

*Alleluia* – Von dem Hebräischen *halelu Jah* (*Jahwe*): „Preiset Gott", „Lobet den Herrn".

Dieser Gebetsruf ist am Beginn und am Ende verschiedener Psalmen des Alten Testaments zu finden. Das Wort wird als Ausdruck des Jubels bereits ab dem Jahr 200 im christlichen Gottesdienst verwendet und ist dann im 4. Jahrhundert allgemein verbreitet.

## Hosianna

(Hosanna, Osanna; Hebräisch: *hoschiana*) „Hilf doch!", „Gott, hilf!" – Freudenruf und Willkommensgruß beim Einzug Jesu in Jerusalem; Teil des *Sanctus*

*Im Namen des Vaters, des Sohnes*
*und des Heiligen Geistes.*
*Amen*

(Lateinisch: *In nomine Patris et Filii et Spiritus Sancti. Amen.*) Begleitende Worte bei der Bekreuzigung, der christlichen Mudra: Mit dem Daumen, Zeige- und Mittelfinger der rechten Hand werden Stirn, Mund und Brust berührt; oder man bekreuzigt sich mit der ganzen Hand über den Körper, wobei die waagerechte Bewegung von der linken zur rechten Schulter verläuft. Diese Geste war ein geheimes Erkennungszeichen der Frühchristen, und beides zusammen ist heute Segensformel und Schutzgeste.

## Aus den Psalmen

Die Psalmen (Griechisch: *psalmos* = Saitenspiel, Gesang, Loblied) des Alten Testaments bestehen aus 150 religiösen Liedern Israels und der jüdischen Gemeinde. Sie sind zwischen 1000 und 165 v. Chr. entstanden und zeigen altorientalische und ägyptische Einflüsse. Ab dem 3. Jahrhundert lieferten sie das Textmaterial in lateinischer Sprache für die gesprochenen und gesungenen christlichen Stundengebete und nach der Reformation auch für Kirchenlieder. Viele Verse aus den Psalmen können in der Tradition der Frühchristen wie Mantras gebetet oder gesungen werden.

*Der Herr ist mein Licht und mein Heil.*

(Psalmen 27,1)

*Alleluia!*
*Laudate Dominum, omnes gentes,*
*collaudate eum, omnes populi.*
*Quoniam confirmata est super nos misericordia eius,*
*et veritas Domini manet in aeternum.*

*Halleluja!*
*Lobet den Herrn, alle Völker,*
*preist ihn, alle Nationen!*
*Denn mächtig waltet über uns seine Huld,*
*die Treue des Herrn währt in Ewigkeit.*
*Halleluja!*

(Psalm 117)

*Ich ließ meine Seele ruhig werden und still.*
*wie ein kleines Kind bei der Mutter ist meine Seele still in mir.*
(Psalmen 131,2)

*Der Herr ist mein Hirte, mir wird nichts mangeln.*
(Psalmen 23,1)

*Seid stille und erkennt, daß ich Gott bin.*
(Psalmen 46,11)

*Aus der Tiefe rufe ich, Herr, zu dir:*
*Herr, höre meine Stimme.*
(Psalmen 130,1-2)

Zweiter Teil – Das Lexikon der Mantras

*Danket dem Herrn,*
*denn er ist gütig und seine Huld währt ewig.*
(Psalmen 136,1)

*Haec dies, quam fecit Dominus:*
*Exsultemus, et laetemur in ea.*
„Dies ist der Tag, den der Herr gemacht hat; wir wollen jubeln und uns an ihm freuen." (Psalmen 118,24)
Eine der ersten Passagen aus den Psalmen, die für die Liturgie verwendet wurden, und heute ein Gebet zum Osterfest.

*Die Erde ist voll der Güte des Herrn.*
(Psalmen 33,5)

## Der Rosenkranz

Unter dem Rosenkranz versteht man zum einen die Perlenschnur für das Abzählen der Gebete und zum anderen eine Gebetsfolge, bei der ein einziges oder mehrere verschiedene Gebete in einem bestimmten Rhythmus wiederholt werden. Das *Vaterunser* ist ein solches Gebet, das wie ein Mantra gesprochen wird. Frühe Christen sollen es täglich dreihundertmal wiederholt haben, abgezählt durch Kieselsteine oder Gebetsschnüre. Heute betet man in der katholischen Kirche einen Rosenkranz, bei dem das *Vaterunser* und das *Ave Maria* die Hauptgebete sind.

### ✴ Das Vaterunser ✴

(Lateinisch: *Pater noster*) – Es ist das einzige Gebet, das Jesus lehrte. Es gibt zwei Fassungen in den Evangelien:

MATTHÄUS, 6,9-13
*So sollt ihr beten:*
*Unser Vater im Himmel,*
*dein Name werde geheiligt,*
*dein Reich komme,*
*dein Wille geschehe wie im Himmel, so auf der Erde.*
*Gib uns heute das Brot, das wir brauchen.*
*Und erlaß uns unsere Schulden, wie auch wir sie unseren Schuldnern*
*erlassen haben.*
*Und führe uns nicht in Versuchung,*
*sondern rette uns vor dem Bösen.*

LUKAS 11,2-4
*Vater,*
*dein Name werde geheiligt.*
*Dein Reich komme.*
*Gib uns täglich das Brot, das wir brauchen.*
*Und erlaß uns unsere Sünden;*
*denn auch wir erlassen jedem, was er uns schuldig ist.*
*Und führe uns nicht in Versuchung.*

Viele Jahrhunderte lang wurde das *Vaterunser* sowohl von Gebildeten als auch Analphabeten nur in lateinischer Sprache gebetet:

*Pater noster, qui es in caelis;*
*sanctificetur nomen tuum;*
*adveniat regnum tuum;*
*fiat voluntas tua, sicut in caelo, et in terra.*
*Panem nostrum cotidianum da nobis hodie;*
*et dimite nobis debita nostra, sicut et nos dimitimus debitoribus nostris;*
*et ne nos inducas in tentationem; sed liberanos a malo.*

### Dein ist die Macht und die Herrlichkeit in alle Zeiten

Lobpreisung, die in ihrer erweiterten Form ein Zusatz zum Vaterunser ist (= *Denn dein ist das Reich und die Kraft und die Herrlichkeit, in Ewigkeit. Amen*).

Neil Douglas-Klotz hat das Vaterunser, wie es heute gebetet wird, auf der Grundlage von aramäischen Quellen in die Sprache von Jesus übersetzt, ausführlich kommentiert und auch vertont (*Das Vaterunser – Meditation und Körperübungen zum kosmischen Jesusgebet*; empfehlenswert ist die dazugehörige CD *Abwun*, die in Zusammenarbeit zwischen Douglas-Klotz und Christian Bollmann mit seinem Obertonchor entstanden ist). Douglas-Klotz hat seine Übersetzung in stark vereinfachte Lautschrift übertragen, um sie gut lesbar zu machen. Es empfiehlt sich jedoch, die CD zu Hilfe zu nehmen, um Aussprache und Rhythmus des aramäischen Vaterunsers kennenzulernen (Vokale, die mit ^ gekennzeichnet sind, werden lang ausgesprochen).

### Abwûn d'bwaschmâja,
*Vater unser im Himmel,*

**Nethkâdasch schmach**

*geheiligt werde dein Name.*

**Têtê malkuthach.**

*Dein Reich komme.*

**Nehwê tzevjânach aikâna d'bwaschmâja af b'arha.**

*Dein Wille geschehe, wie im Himmel so auf Erden.*

**Hawvlân lachma d'sûnkanân jaomâna.**

*Unser täglich Brot gib uns heute.*

**Waschboklân chaubên (wachtahên) aikâna daf chnân schvoken l'chaijabên.**

*Und vergib uns unsere Schuld, wie auch wir vergeben unseren Schuldigern.*

**Wela tachlân l'nesjuna ela patzân min bischa.**

*Und führe uns nicht in Versuchung, sondern erlöse uns von dem Bösen.*

**Metol dilachie malkutha wahaila wateschbuchta l'ahlâm almîn.**

**Amên.**

*Denn dein ist das Reich und die Kraft und die Herrlichkeit in Ewigkeit.*

*Amen.*


**Ehre sei dem Vater und dem Sohn und dem Heiligen Geist, wie im Anfang, so auch jetzt und alle Zeit und in Ewigkeit.**

**Amen.**

Gebet des Rosenkranzes.

## * Das Ave Maria *

Das *Ave Maria* ist das große christliche Mantra der Marienverehrung und neben dem *Vaterunser* das große Rosenkranzgebet. Die Rosenkranzgebete wurden früher auch mit aufblühenden Rosen verglichen, die von den Lippen des Betenden gepflückt und zu einem Kranz gewunden wurden. Darüber hinaus bezeichnete man mit Rosenkranz tatsächlich einmal den Blumenkranz, mit dem man Marienstatuen dekorierte. Die mit einem Kranz von Gebeten und Rosen geschmückte Maria erinnert an die hoch verehrte indische Göttin Kali und ihre Girlande der Buchstaben.

Das *Ave Maria* entwickelte sich schrittweise durch Hinzufügungen bis zu der heute gebeteten Fassung und wurde jahrhundertelang nur in lateinischer Sprache gesprochen. Seit dem 11. Jahrhundert ist es ein beliebtes volkstümliches Wiederholungsgebet. Im Hochmittelalter pflegten fromme Christen das *Ave Maria* fünfzig- oder einhundertfünfzigmal zu sprechen.

Den Kern des lateinischen Gebets bildet das Wort des Engels Gabriel an Maria aus der Verkündigungsgeschichte: *Ave gratia plena, Dominus tecum.* „Sei gegrüßt, du Begnadete, der Herr ist mit dir" (Lukas 1,28). Daran angehängt wurden die Worte des Heiligen Geistes, der aus Elisabeth spricht: *Benedicta tu in mulieribus et benedictus fructus ventris tui.* „Gesegnet bist du mehr als alle anderen Frauen, und gesegnet ist die Frucht deines Leibes" (Lukas 1,42). Die Grundform des Gebets in lateinischer Sprache lautet somit:

*Ave Maria, gratia plena, Dominus tecum.*
*Benedicta tu in mulieribus et benedictus fructus ventris tui.*

In der heutigen Form – aber ohne Zusatz – ist das *Ave Maria*
seit dem 17. Jahrhundert gebräuchlich:

*Gegrüßet seist du, Maria,*
*voll der Gnade,*
*der Herr ist mit dir.*
*Du bist gebenedeit unter den Frauen,*
*und gebenedeit ist die Frucht deines Leibes, Jesus.*

Heute wird es auch mit folgendem Zusatz gebetet:

*Heilige Maria, Mutter Gottes,*
*bitte für uns Sünder*
*jetzt und in der Stunde unseres Todes.*
*Amen.*

### Heilige Maria, Mutter Gottes

Die erste Zeile aus dem Zusatz zum *Ave Maria* dient für sich gesprochen als Andachtsgebet.

### Ave Maris Stella

(Lateinisch) „Sei gegrüßt, Stern des Meeres", „Meerstern, ich
grüße dich!" – Erste Zeile eines gregorianischen Marienchorals,
der um das Jahr 700 entstand. Stella Maris ist nicht nur einer der
Beinamen von Maria, sondern auch von der alten großen Göttin
in Gestalt der Isis, Ischtar, Aphrodite und Venus. Als Stern des
Meeres galt die Venus; verschiedentlich auch der Polarstern, der
Sirius oder der Leitstern der Plejaden (*Barbara Walker*).

*Gruß dir, Mariam, Sternenkrone*
Aus einem äthiopischen Marienlied

### Ave Rosa

(Lateinisch) „Sei gegrüßt, Rose." – Die Rose ist ein Attribut der Gottesmutter Maria und symbolisiert allgemein die Göttin und die weibliche Kraft.

### Mutter Gottes, gedenke meiner.

Abwandlung des Herzensgebets

### * Das Angelus *

„Der Engel des Herrn", auch englischer Gruß genanntes katholisches Gebet, in das das *Ave Maria* eingeflochten ist. Der Brauch des *Angelus*-Betens stammt aus dem 13. Jahrhundert und wurde von den Franziskanermönchen gepflegt. Das Gebet beschreibt die Menschwerdung Jesu und wird üblicherweise dreimal täglich, morgens mittags und abends, zum Angelusläuten gesprochen.

> *Der Engel des Herrn brachte Maria die Botschaft,*
> *und sie empfing vom Heiligen Geist.*
> *Gegrüßet seist du, Maria ...*
> *Maria sprach: Siehe, ich bin die Magd des Herrn;*
> *mir geschehe nach deinem Wort.*
> *Gegrüßet seist du, Maria ...*
> *Und das Wort ist Fleisch geworden.*
> *Und hat unter uns gewohnt.*
> *Gegrüßet seist du, Maria ...*

*(Vorbeter:) Bitte für uns, heilige Gottesmutter,
daß wir würdig werden der Verheißung Christi.
Lasset uns beten: Allmächtiger Gott, gieße deine Gnade in unsere
Herzen ein! Durch die Botschaft des Engels haben wir die
Menschwerdung Christi, deines Sohnes, erkannt. Laß uns durch sein
Leiden und Kreuz zur Herrlichkeit der Auferstehung gelangen. Darum
bitten wir durch Christus, unserm Herrn.
Amen.*

### * Das Agnus Dei *

„Lamm Gottes" – Johannes der Täufer spricht beim Anblick
von Jesus: „Seht, das Lamm Gottes, das die Sünde der Welt hin-
wegnimmt." (Johannes 1,29) *Lamm Gottes* ist ein Name und ein
Symbol für Jesus. Bis ins 7. Jahrhundert wurde Jesus Christus nicht
als Gekreuzigter, sondern als Lamm dargestellt. Statt der später
aufkommenden Kruzifixe verwendete man das Bild eines Lamms
oder eines Hirten, der ein Lamm auf den Schultern trägt. Das
Lamm ist ein altes orientalisches Symbol für Unschuld, Opfer und
Reinigung. In der Antike symbolisierte das Lamm auch Schutz.

Das *Agnus Dei* wurde zuerst in der syrischen Kirche gebetet.
Um das Jahr 700 wurde es in den Ritus der römischen Kirche aufgenommen und dort in lateinischer Sprache gebetet:

*Agnus Dei, qui tollis peccata mundi: miserere nobis.*
*Agnus Dei, qui tollis peccata mundi: miserere nobis.*
*Agnus Dei, qui tollis peccata mundi: dona nobis pacem.*

*Lamm Gottes, du nimmst hinweg die Sünden der Welt:*
*Erbarme dich unser.*
*Lamm Gottes, du nimmst hinweg die Sünden der Welt:*
*Erbarme dich unser.*
*Lamm Gottes, du nimmst hinweg die Sünden der Welt:*
*Gib uns Frieden.*

**Dona nobis pacem.**
(Lateinisch) „Gib uns Frieden." – Anrufung aus dem *Agnus Dei*, die auch für sich gebetet wird

## Gregorianische Choräle

Die frühen christlichen Gemeinden begannen nach dem Vorbild der jüdischen Gesänge, während des Gottesdienstes im orientalischen und antiken Stil Psalmen zu singen (psalmodieren). Daraus entwickelte sich ein einstimmiger liturgischer Gesang von Psalmen und Gebeten in lateinischer Sprache. Er wird nach Papst Gregor (um 540–604), der die Liturgie vereinheitlichte und umgestaltete, gregorianischer Choral genannt. Seit dem Mittelalter verbreitete sich der gregorianische Gesang durch Missionare und Pilger im ganzen Abendland und verschmolz mit den Riten der katholischen Messe. Er wurde besonders von den Benediktinern und Zisterziensern gepflegt. Zur ehemaligen Zisterzienserabtei Le Thoronet in Südfrankreich gehört beispielsweise eine Kirche, deren besondere Akustik auf das gesungene Gebet ausgerichtet war.
Die Choräle haben keine instrumentale Begleitung; der Rhyth-

mus ist frei und nicht an einen Takt gebunden. Zum Teil sind die Choräle als Wechselgesang zwischen Vorsänger und Chor angelegt. Als Meßgesänge mußten sie bis zur Liturgiereform in den 1960er Jahren lateinisch gesungen werden. Der Klangtherapeut Tomatis berichtet, daß die ersten Versuche, gregorianische Choräle nicht mehr in lateinischer, sondern in der jeweiligen Muttersprache zu singen, dazu geführt hatten, daß die Mönche krank wurden. Ihnen fehlte die Klangnahrung des gesungenen Mantras.

### * Das große Halleluja: 150. Psalm *

*Alleluia.*

*Laudate Dominum in sanctis eius:*
*Laudate eum in firmamento virtutis eius.*
*Laudate eum in virtutibus eius:*
*Laudate eum secundum multitudinem magnitudinis eius.*
*Laudate eum in sono tubae:*
*Laudate eum in psalterio et cithara.*
*Laudate eum in tympano et choro:*
*Laudate eum in chordis et organo.*
*Laudate eum in cymbalis benesonantibus:*
*Laudate eum in cymbalis iubilationis:*
*Omnis spiritus laudet Dominum.*
*Alleluia.*


*Halleluja!*
*Lobet den Herrn in seinem Heiligtum,*
*lobet ihn in seiner mächtigen Feste!*
*Lobet ihn für seine großen Taten,*

*lobet ihn in seiner gewaltigen Größe!*
*Lobet ihn mit dem Schall der Hörner,*
*lobet ihn mit Harfe und Zither!*
*Lobet ihn mit Pauken und Tanz,*
*lobet ihn mit Flöten und Saitenspiel!*
*Lobet ihn mit hellen Zymbeln,*
*lobet ihn mit klingenden Zymbeln!*
*Alles, was atmet, lobe den Herrn!*
*Halleluja!*

### ✳ Das Gloria ✳

*Gloria in excelsis Deo.*
*Et in terra pax hominibus bonae voluntatis.*

„Ehre sei Gott in der Höhe, und auf Erden ist Friede bei den Menschen seiner Gnade."(Lukas 2,14) – Diese Lobpreisung der Engel, die sie bei der Geburt von Jesus sangen und die die Hirten vernahmen, ist der Beginn einer der großen alten christlichen Morgenhymnen, die aus einer Verknüpfung verschiedener Texte besteht und als gregorianischer Choral gesungen wird:

*Gloria in excelsis Deo.*
*Et in terra pax hominibus bonae voluntatis.*
*Laudamus te. Benedicimus te.*
*Adoramus te. Glorificamus te.*
*Gratias agimus tibi propter magnam gloriam tuam.*
*Domine Deus, Rex caelestis, Deus Pater omnipotens.*
*Domine Fili unigenite, Iesu Christe.*
*Domine Deus, Agnus Dei, Filius Patris.*

*Qui tollis peccata mundi, miserere nobis.*
*Qui tollis peccata mundi, suscipe deprecationem nostram.*
*Qui sedes ad dexteram Patris, miserere nobis.*
*Quoniam tu solus sanctus. Tu solus Dominus.*
*Tu solus altissimus, Iesu Christe.*
*Cum Sancto Spiritu, in gloria Dei Patris.*
*Amen.*


*Ehre sei Gott in der Höhe*
*und auf Erden Friede den Menschen, die guten Willens sind.*
*Wir loben dich.*
*Wir preisen dich.*
*Wir beten dich an.*
*Wir verherrlichen dich.*
*Wir sagen dir Dank ob deiner großen Herrlichkeit.*
*Herr und Gott, König des Himmels, allmächtiger Vater!*
*Herr, Jesus Christus, eingeborner Sohn!*
*Herr und Gott, Lamm Gottes, Sohn des Vaters!*
*Du nimmst hinweg die Sünden der Welt; erbarme dich unser.*
*Du nimmst hinweg die Sünden der Welt; nimm unser Flehen gnädig auf.*
*Du sitzest zur Rechten des Vaters: erbarme dich unser.*
*Denn du allein bist der Heilige, du allein der Herr,*
*du allein der Höchste, Jesus Christus,*
*mit dem Heiligen Geist – in der Herrlichkeit Gottes, des Vaters.*
*Amen.*

## * Das Sanctus *

Der Prophet Jesaja erschaut Engel mit sechs Flügeln, die Seraphim, die über Gottes Thron stehen und sich laut zurufen: „Heilig, heilig, heilig ist der Herr Zebaoth, von seiner Herrlichkeit ist die Welt erfüllt." (Jesaja 6,3)

Dieser als Sanctus bezeichnete Lobgesang der Engel auf den Herrn der himmlischen Heerscharen (Zebaoth) ist zusammen mit dem Benedictus („Hosanna dem Sohn Davids! Gesegnet sei er, der kommt im Namen des Herrn." Matthäus 21,9) einer der ältesten Bestandteile der katholischen Messe und wird als gregorianischer Choral gesungen:

*Sanctus, sanctus, sanctus, Dominus Deus Sabaoth.*
*Pleni sunt caeli et terra gloria tua.*
*Hosanna in excelsis.*
*Benedictus qui venit in nomine Domini.*
*Hosanna in excelsis.*


*Heilig, heilig, heilig ist der Herr Gott der Heerscharen.*
*Von seiner Herrlichkeit sind erfüllt Himmel und Erde.*
*Hosanna in der Höhe.*
*Gesegnet sei er, der kommt im Namen des Herrn.*
*Hosanna in der Höhe.*


## * Das Te Deum *

*Te Deum laudamus.*

„Dich, Gott, loben wir, Herr, Gott, dich loben wir." – Erste Zeile des großen gregorianischen Chorals, die als Mantra gesprochen werden kann.

## \* Das Salve Regina \*

Lobgesang aus dem 12. Jahrhundert, dessen Text und Melodie von einem französischen oder deutschen Klosterbruder stammen. Der Choral ist Ausdruck der mittelalterlichen Marienverehrung. *Salve Regina* ist auch ein Rosenkranzgebet:

*Salve, Regina, mater misericordia:*
*Vita dulcedo, et spes nostra, salve.*
*Ad te clamamus, exsules, filii Hevae.*
*Ad te suspiramus, gementes et flentes*
*in hac lacrimarum valle.*
*Eia ergo, Advocata nostra,*
*illos tuos misericordes oculos ad nos converte.*
*Et Iesum, benedictum fructum ventris tui,*
*nobis post hoc exsilium ostende.*
*O clemens: O pia: O dulcis Virgo Maria.*

*Sei gegrüßt, o Königin, Mutter der Barmherzigkeit,*
*unser Leben, unsere Wonne und unsere Hoffnung, sei gegrüßt!*
*Zu dir rufen wir, verbannte Kinder Evas;*
*zu dir seufzen wir trauernd und weinend*
*in diesem Tal der Tränen.*
*Wohlan denn, unsere Fürsprecherin,*
*wende deine barmherzigen Augen uns zu,*
*und nach diesem Elend zeige uns Jesus,*
*die gebenedeite Frucht deines Leibes.*
*O gütige, o milde, o süße Jungfrau Maria*

*Lobe den Herren, den mächtigen König der Ehren,*
*lob ihn, o Seele, vereint mit den himmlischen Chören.*
Beginn eines Kirchenliedes aus dem 17. Jahrhundert; den Text
verfaßte Joachim Neander.

Glaubensbekenntnis

### * Das Credo *

Das großes Glaubensbekenntnis war ursprünglich Teil der Tauf-
zeremonie. Es handelt sich um die 381 in Konstantinopel beschlos-
sene erweiterte Fassung des Nikänischen Glaubensbekenntnisses
(325). Seit dem 11. Jahrhundert ist sie Bestandteil der katholischen Messe:

*Credo in unum Deum,*
*Patrem omnipotentem,*
*factorem caeli et terrae*
*visibilium omnium et invisibilium.*
*Et in unum Dominum Iesum Christum,*
*Filium Dei unigenitum,*
*et ex Patre natum ante omnia saecula.*
*Deum de Deo, lumen de lumine,*
*Deum verum de Deo vero,*
*genitum, non factum,*
*consubstantialem Patri:*
*per quem omnia facta sunt.*
*Qui propter nos homines et propter nostram salutem*
*descendit de caelis.*

*Et incarnatus est*
*de Spiritu Sancto*
*ex Maria Vergine,*
*et homo factus est.*
*Crucifixus etiam pro nobis*
*sub Pontio Pilato;*
*Passus et sepultus est,*
*et resurrexit tertia die, secundum Scripturas*
*et ascendit in caelum,*
*sedet ad dexteram Patris.*
*Et iterum venturus est cum gloria*
*Judicare vivos et mortuos,*
*cuius regni non erit finis.*
*Et in Spiritum Sanctum Dominum et vivificantem:*
*Qui ex Patre Filioque procedit.*
*Qui cum Patre et Filio*
*simul adoratur et conglorificatur:*
*Qui locutus et per Prophetas.*
*Et unam, sanctam, catholicam et apostolicam Ecclesiam.*
*Confiteor unum baptisma*
*in remissionem peccatorum.*
*Et exspecto resurrectionem mortuorum,*
*et vitam venturi saeculi.*
*Amen.*


*Wir glauben an den einen Gott,*
*den Vater, den Allmächtigen,*
*der alle geschaffen hat, Himmel und Erde,*

*die sichtbare und die unsichtbare Welt.*
*Und an den einen Herrn Jesus Christus,*
*Gottes eingeborenen Sohn,*
*aus dem Vater geboren vor aller Zeit:*
*Gott von Gott, Licht vom Licht,*
*wahrer Gott vom wahren Gott,*
*gezeugt, nicht geschaffen,*
*eines Wesens mit dem Vater;*
*durch ihn ist alles geschaffen.*
*Für uns Menschen und zu unserem Heil*
*ist er vom Himmel gekommen,*
*hat Fleisch angenommen*
*durch den Heiligen Geist*
*von der Jungfrau Maria*
*und ist Mensch geworden.*
*Er wurde für uns gekreuzigt*
*unter Pontius Pilatus,*
*hat gelitten und ist begraben worden,*
*ist am dritten Tage auferstanden nach der Schrift*
*und aufgefahren in den Himmel.*
*Er sitzt zur Rechten des Vaters*
*und wird wiederkommen in Herrlichkeit*
*zu richten die Lebendigen und die Toten;*
*seiner Herrschaft wird kein Ende sein.*
*Wir glauben an den Heiligen Geist,*
*der Herr ist und lebendig macht,*
*der aus dem Vater und dem Sohn hervorgeht,*
*der mit dem Vater und dem Sohn*

*angebetet und verherrlicht wird,*
*der gesprochen hat durch die Propheten,*
*und die eine, heilige, katholische und apostolische Kirche.*
*Wir bekennen die eine Taufe*
*zur Vergebung der Sünden.*
*Wir erwarten die Auferstehung der Toten*
*und das Leben der kommenden Welt.*
*Amen.*

## * Das Apostolische Glaubensbekenntnis *

Das gemeinsame Glaubensbekenntnis der katholischen und
evangelischen Kirche, ein Mantra des Rosenkranzes:

*Ich glaube an Gott,*
*den Vater, den Allmächtigen,*
*den Schöpfer des Himmels und der Erde,*
*und an Jesus Christus,*
*seinen eingeborenen Sohn, unsern Herrn,*
*empfangen durch den Heiligen Geist,*
*geboren von der Jungfrau Maria,*
*gelitten unter Pontius Pilatus,*
*gekreuzigt, gestorben und begraben,*
*hinabgestiegen in das Reich des Todes,*
*am dritten Tage auferstanden von den Toten,*
*aufgefahren in den Himmel;*
*er sitzt zur Rechten Gottes, des allmächtigen Vaters;*
*von dort wird er kommen, zu richten die Lebendigen und die Toten.*
*Ich glaube an den Heiligen Geist,*

*die heilige katholische Kirche\*,*
*Gemeinschaft der Heiligen,*
*Vergebung der Sünden,*
*Auferstehung der Toten*
*und das ewige Leben.*
*Amen.*

## Frühchristliche Epigramme

Von griechischen Frühchristen sind Gebete überliefert (*Anthologia Graeca*), die sich durch eine besonders gewählte und dichterische Sprache auszeichnen. Sie sind im Hexameter-Versmaß verfaßt, dadurch besitzen sie einen besonders feierlichen Klang. (Hinweise zur Aussprache: ou = u, ein ^ markiert einen langen Vokal, die unterstrichenen Buchstaben werden betont.)

**Chr_iste, theo_u sophi_ê, kosmo_u mede_ôn kai an_assôn,**
**h_emeter_ên to paro_ithe plas_as merop_eida ph_ytlên,**
*dos me the_ein bio_u oim_on en h_ymetera_is ephetm_êsi.*
*Christus, Weisheit von Gott, du König und Walter des Weltalls,*
*der du in einstigen Tagen uns sterbliche Völker geschaffen,*
*laß mich die Pfade des Lebens nach deinem Willen durcheilen.*

**Chr_iste mak_ar, merop_ôn phaos _aphthiton, _elpis hapant_ôn,**
**_esthla dido_u chateo_usi, ta d'o_u kala n_osphin er_ykois.**

* Evangelische Christen beten: *an die heilige christliche Kirche*

*Seliger Christ, unser ewiges Licht, du Hoffnung von allen,*
*gib den darbenden Menschen das Gute und wehre dem Übel.*

**Christe, teên proialle charin kamatoisin emeio.**
*Christus, gieße du Gnade auf meine Werke hernieder!*

## Gebete

Jedes Gebet kann wie ein Mantra gesprochen werden. Die Gebete von Mystikern und Heiligen können Ihnen als Anregung für eigene Formulierungen dienen. Oder Sie übernehmen ein Gebet eines der großen christlichen Lehrer, dem Sie sich seelenverwandt fühlen, beispielsweise:

### * *Franz von Assisi* *

*Mein Gott und mein Alles.*
Wird auch als Mantra des Franz von Assisi bezeichnet.

*Gott ist in allen Dingen.*

*Herr, mein Gott, mach mich zum Werkzeug deines Friedens.*
*Daß ich Liebe übe, wo man mich haßt,*
*daß ich verzeihe, wo man mich beleidigt,*
*daß ich verbinde, wo Streit ist,*
*daß ich die Wahrheit sage, wo Irrtum herrscht,*

*daß ich Glaube bringe, wo der Zweifel drückt,*
*daß ich Freude mache, wo Kummer wohnt.*
*Ach Herr, laß du mich trachten:*
*Nicht, daß ich getröstet werde, sondern daß ich andere tröste,*
*nicht, daß ich verstanden werde, sondern daß ich andere verstehe,*
*nicht, daß ich geliebt werde, sondern daß ich andere liebe.*
*Denn, wer da gibt, der empfängt,*
*wer sich selbst vergißt, der findet,*
*wer verzeiht, dem wird verziehen,*
*und wer da stirbt, der erwacht zum ewigen Leben.*

**Mein Herr und mein Gott, nimm alles von mir,**
**was mich hindert zu dir.**
Nikolaus von der Flüe

**Ein' feste Burg ist unser Gott.**
Überschrift zu Psalm 46 in der Übersetzung von Martin Luther

## Christusworte, Christusbewußtsein

„Ich habe deinen Namen den Menschen offenbart", heißt es im Johannesevangelium (17,6). Jesus tritt im Neuen Testament als Offenbarer des Gottesnamens auf und öffnet damit einen im Vergleich zum Alten Testament revolutionären neuen Zugang zur göttlichen Liebe und Kraft. Durch die Enthüllung des Namens werden dessen Geheimnis und Kraft freigegeben und jedem geschenkt. Die Selbst-

aussagen von Jesus aus dem Johannesevangelium („Ich bin ...")
sind damit im Sinn eines mystischen Christusbewußtseins heute
auch als Selbstaussagen eines jeden Menschen zu verstehen.

*Ich und der Vater sind eins.*

(Johannes 10,30)

*Gott ist die Liebe,*
*und wer in der Liebe bleibt, bleibt in Gott,*
*und Gott bleibt in ihm.*

( Johannes 16)

*Aber nicht wie ich will, sondern wie du willst.*
(Matthäus 26,39) Dein Wille geschehe.

*Ich bin das Licht der Welt.*

(Johannes 8,12)

*Ich bin das Brot des Lebens.*

(Johannes 6,35)

*Ich bin die Tür.*

(Johannes 10,9)

*Ich bin der gute Hirte.*

(Johannes 10,11)

*Ich bin die Auferstehung und das Leben.*
(Johannes 11,25)

*Ich bin der Weg und die Wahrheit und das Leben.*
(Johannes 14,6)

# Islam und Sufismus

Islamische Gebete werden stets in arabischer Sprache, der Sprache des Korans, der formgewordenen göttlichen Offenbarung, gebetet. Sie sind davon geprägt, daß der Mensch der Diener Gottes ist und dessen absolute Macht anerkennt und erfährt. Verschiedene Passagen aus dem Koran, dem Wort Gottes, das Mohammed durch den Engel Gabriel übermittelt wurde, werden in fünf täglichen Gebeten rezitiert (Arabisch: *salat* = rituelles Gebet). Die Namen Allahs sowie kurze Gebete der Lobpreisung werden in der Andacht (*dhikr*) wie Mantras rezitiert. Im Sufismus ist die rituelle Rezitation der Gottesnamen eine wichtige Übung auf dem spirituellen Weg.

### La ilaha illa Allah

„Es gibt keinen Gott außer Gott", „Nur Gott existiert wirklich", „Gott ist der Einzige". – Diese Formel wird wie ein Mantra rezitiert. Angeblich empfahl Mohammed, sie hundertmal zu sprechen, um Schutz und Vergebung zu erlangen. Sie sei das beste Gebet für das Gottesgedenken (*dhikr*).

### Muhammad-ar rasul Allah

„Mohammed ist der Bote Gottes", „Mohammed ist sein Prophet".

Diese Aussage stellt zusammen mit „La ilaha illa Allah" das islamische Glaubensbekenntnis (*schahada*) dar, das einen strikten Monotheismus, den Glauben an einen einzigen Gott, ausdrückt.

Das Mantra *La ilaha illa Allah* gehört zu den wichtigsten Elementen der Sufi-Zeremonie. Beim Rezitieren liegt die Konzentration auf dem letzten *h* in *Allah*. Nach Annemarie Schimmel (*Mystische*

*Dimensionen des Islam*) wird beim Dhikr in der Tradition des
Naqschbandiyya-Ordens pro Atemzug dreimal oder auch neunmal
und mehr das *La ilaha illa Allah* gesprochen. Zu der Atemkontrolle
tritt die Vorstellung, daß man, beginnend an der rechten Seite, die
Worte zum Herzen herabbringt, und die Formel *Allah Mohammed
rasul* von der linken Seite hervorbringt.

### Allah

„Gott", von *al-ilah* (Arabisch) = „Der Alleinige". – Im Islam
und im Sufismus werden 99 Namen Allahs als Mantras gebraucht,
denn nach dem Koran (Sure 7,181) wird derjenige das Paradies erlangen, der die Namen Allahs rezitiert. Diese Namen oder Eigenschaften sind wörtlich dem Koran entnommen.

Bei den Sufis zählt die Zeremonie des Dhikr der Namen zu den
wichtigsten Andachtsübungen. Es werden bestimmte Gottesnamen
rezitiert, um die darin enthaltene Energie zu erwecken. Diese Energie drückt sich unter anderem in dem Zahlenwert der Buchstaben aus. Der Meister gibt seinem Schüler, je nach dessen Entwicklungsstand, die Aufgabe, einen Gottesnamen in einer bestimmten
Anzahl von Wiederholungen zu rezitieren.

Nach Schimmel wird der Dhikr im Naqschbandiyya-Orden
schweigend vollzogen. Der Schüler lernt, das Mantra oder Herzensgebet durch sieben feinstoffliche Punkte im Körper zu bewegen, sie dadurch zu sensibilisieren, bis diese Energie den ganzen
Menschen erfüllt. Pir Vilayat Inayat Khan weist darauf hin, daß
durch das Rezitieren der Gottesnamen eine Dimension des eigenen Wesens geweckt wird, die überpersönlichen und archetypi-
schen Charakter hat (*Erwachen*, S. 81).

# * Die 99 Namen Allahs *

1. Ar-Rahman: Der Barmherzige
2. Ar-Rahim: Der Gnädige, Der Mitleidvolle
3. Al-Malik: Der König
4. Al-Quddus: Der Heilige
5. As-Salam: Der Frieden
6. Al-Mu'min: Der Gläubige, Der Bewahrer des Glaubens
7. Al-Muhaimin: Der Beschützer
8. Al-Aziz: Der Mächtige
9. Al-Dschabbar: Der Absolute, Der Zwingende
10. Al-Mutakabbir: Der Große, Der Erhabene
11. A-Khaliq: Der Schöpfer
12. Al-Bari: Der Hervorbringer
13. Al-Musawwir: Der Gestalter
14. A-Ghaffar: Der Vergebende
15. Al-Qahhar: Der Überlegene
16. Al-Wahhab: Der Gebende, Der Verleiher
17. Ar-Razzaq: Der Versorger
18. Al Fattah: Der Öffnende, Der Befreier
19. Al-Alim: Der Allwissende
20. A-Qabid: Der Beschränkende, Der Zügelnde
21. Al-Basit: Der Verbreiter, Der Gewährer
22. Al-Kahfid: Der Herabsetzer, Der Demütigende
23. Ar-Rafi: Der Erhebende, Der Erhöhende
24. Al-Mu'izz: Der Ehrende, Der Stärkende
25. Al-Mudhil: Der Entehrende, Der Zerstörende

26. As-Sami: Der Alleshörende
27. Al-Basir: Der Allessehende
28. Al-Hakam: Der Richter
29. Al-Adl: Der Gerechte, Der Ausgleichende
30. Al-Latif: Der Gütige, Der Anmutige
31. Al-Khabir: Der Wahrnehmende
32. Al-Halim: Der Sanftmütige, Der Milde
33. Al-Azim: Der Großartige
34. Al-Ghafur: Der Vergebende
35. Asch-Schakur: Der Dankbare
36. Al-Ali: Der Erhabene
37. Al-Kabir: Der Große
38. Al-Hafiz: Der Beschützer
39. Al-Muqit: Der Ernährer, Der Stärkende
40. Al-Hasib: Der Abrechner
41. Al-Dschalil: Der Majestätische
42. Al-Karim: Der Großherzige, Der Großzügige
43. Ar-Raqib: Der Beobachtende
44. Al-Mudschib: Der Erhörende
45. Al-Wasi: Der Allumfassende
46. Al-Hakim: Der Weise
47. Al-Wadud: Der Liebende
48. Al-Madschid: Der Glorreiche
49. Al-Ba'ith: Der Erwecker
50. Asch-Schahid: Der Zeuge
51. Al-Haqq: Die Wahrheit
52. Al-Wakil: Der Rechtsbeistand, Der Treuhänder
53. Al-Qawi: Der Starke
54. Al-Matin: Der Feste
55. Al-Wali: Der Herrscher
56. Al-Hamid: Der Lobenswerte

Zweiter Teil – Das Lexikon der Mantras

57. Al-Muhsi: Der Zählende, Der Buchführer
58. Al-Mubdi: Der Beginnende
59. Al-Mu'id: Der Wiederhersteller
60. Al- Muhyi: Der Lebensspender
61. Al-Mumit: Der Tötende
62. Al-Hayi: Der Lebendige
63. Al-Qayyum: Der Unabhängige, Der sich selbst Erhaltende
64. Al-Wadschid: Der Findende, Der Findige
65. Al-Madschid: Der Ruhmreiche
66. Al-Wahid: Der Einzigartige
67. As-Samad: Der Ewige
68. Al-Qadir: Der Allmächtige
69. Al-Muqtadir: Der Allesbestimmende
70. Al Muqaddim: Der Vorwärtsbringende
71. Al-Mu'akhir: Der Verzögernde
72. Al-Awwal: Der Erste
73. Al-Akhir: Das Letzte
74. Az-Zahir: Der Offenbare, Der Manifeste
75. Al-Batin: Der Verborgene
76. Al-Wali: Der Regent
77. Al-Muta'ali: Der Erhöhte
78. Al-Barr: Der Wohltäter
79. At-Tauwab: Der Verzeihende, Der Milde Erweisende

80. Al-Muntaqim: Der Rächer
81. Al-Afuw: Der Vergebende, Der Auslöscher der Sünden
82. Ar-Ra'uf: Der Mitleidsvolle
83. Malik al-Mulk: Der Herrscher des Königreiches, Der Inhaber der höchsten Gewalt
84. Dhu'l-Dschalali wa'l-Ikram: Der Herr der Majestät und Güte
85. Al-Muqsit: Der Unparteiische, Der für Gerechtigkeit Sorgende
86. Al-Dschami: Der Sammler
87. Al-Ghani: Der Unabhängige
88. Al-Mughni: Der Bereicherer
89. Al-Mu'ti: Der Gebende
90. Al-Mani': Der Zurückhaltende
91. Ad-Darr: Der Betrübende, Der Bestrafende
92. An-Nafi: Der Begünstigende
93. An-Nur: Das Licht
94. Al-Hadi: Der Führer
95. Al-Badi': Der Schöpfer, Der Unvergleichliche
96. Al-Baqi: Der Bleibende
97. Al-Warith: Der Erbende
98. Al-Raschid: Der Leitende
99. As-Sabur: Der Geduldige

Folgende Gebete werden beim Dhikr jeweils dreiunddreißigmal rezitiert:

### Subhana-l-lah

„Gepriesen sei Gott."

### Al-hamdu lil-lah

„Lob sei Gott."

### Allahu akbar

„Gott ist größer", „Gott ist am größten". – Auch ein Teil vom Ruf des Muezzins (*adhan* = Gebetsruf)

\*\*\*

### As-salamu alaikum wa rahmatul-lah

„Friede sei mit euch und die Barmherzigkeit Allahs." – Gebetsabschluß

### Bismillah

„Im Namen Allahs", „Im Namen Gottes". – Abkürzung von *Bismillah ir-rahman ir-rahim* („Im Namen Allahs, des Gnädigen, des Barmherzigen"). Diese kurze Anrufung wird vor jeder Handlung gesprochen, denn von einem Muslim wird alles im Namen Gottes getan.

### Bismillah ir-rahman ir-rahim

„Im Namen Allahs, des Gnädigen, des Barmherzigen" – Beginn der ersten Koran-Sure (*Al-Fatiha* = „Die Eröffnende"), die als Kurzgebet und Mantra gesprochen wird. Mit den Worten „Im Namen Allahs des Barmherzigen, des Gnädigen" beginnt – mit Ausnahme der neunten Sure – jede Sure des Korans.

Am Anfang des rituellen Gebets wird die erste Sure im Stehen mit erhobenen Händen gesprochen. Die erste Koran-Sure wird nach Annemarie Schimmel häufiger gebetet als das Vaterunser im Christentum.

### \* Sure 1,1-7 \*

*Bis-mil-la-hir-rah-ma-nir-ra-him.*
*Al-ham-du lil-la-hi rab-bil-ala-min.*
*Ar-rah-ma-nir-ra-him. Mali-ki jau-mid-din.*
*Ija-ka na-budu wa ija-ka nas-ta-in.*
*Ihdi-nas si-ratal mus-ta-kim-Sira-tal la-dhina an-amta alai-him.*
*Ghai-ril-magh-dubi alai-him walad-dal-lin.*

(Transkription nach Yüksel Yücelen, *Was sagt der Koran dazu?* München 1986)

*Im Namen Allahs, des Gnädigen, des Barmherzigen. Preis sei Allah,*
*dem Herrn der Menschen in aller Welt,*
*dem Gnädigen, dem Barmherzigen,*
*dem Herrscher am Tag des Gerichts.*
*Dir allein dienen wir und dich allein bitten wir um Hilfe.*
*Führe uns auf den rechten Weg,*
*den Weg derer, denen du deine Gnade erwiesen hast,*
*nicht derer, die deinem Zorn verfallen sind und irregehen.*

## Hu

Im Sufismus ist *Hu* der Name des Allerhöchsten, auch Ismu'l-A'zam genannt, der dem Eingeweihten offenbart wird. Das mystische *Hu* hat seinen Ursprung in dem höchsten abstrakten Klang. Es wird rezitiert und gesungen und bildet auch den Abschluß des Sufi-Tanzrituals.

Die rhythmische Wiederholung des Namens *Allah* oder des Glaubensbekenntnisses *La ilaha illa Allah* bei der Dhikr-Zeremonie führt in Trancezustände. Annemarie Schimmel (*Mystische Dimensionen des Islam*, S. 250) beschreibt, wie dabei das Wort *Allah* auf den letzten Buchstaben *h* verkürzt wird: Als *ha* spricht man es gegen die linke Schulter, als *hu* gegen die rechte Schulter. Als *hi* wird es mit der Beugung des Kopfes gesprochen. Beim ekstatischen Kreistanz im immer schnelleren Tempo, bei dem die rechte Hand auf der linken Schulter des nächsten Tänzers liegt, wird es schließlich auf *h* verkürzt. Der in der Trance ausgestoßene Seufzer *Hu* und die Technik des ekstatischen Tanzes wurden von Osho aufgegriffen und in seine Dynamische Meditation integriert (*Das Orangene Buch*, S. 42f.).

## Hu, Allah hu

Ekstatischer Ruf im Dhikr

## Hu el-haiy el-quaiyum

„Er, der Lebende, der Aus-sich-selbst-Seiende." – Sufi-Name für Gott

### La ilaha illa 'l-ishq

„Es gibt keine Gottheit als die Liebe." – Sufi-Formel zur lei-
denschaftlichen mystischen Gottesliebe

### Bismillah ya fatah

„Im Namen Gottes, der den Weg öffnet", „Im Namen Gottes,
der mein Herz öffnet"

### Ishq Allah mahbud lillah

„Gott ist Liebe, Liebender und Geliebter."

### Ana Ahmad bila mim

„Ich bin Ahmad (Mohammed)", „Ich bin Einer". – Dies war
einst ein beliebtes Sufi-Mantra; es beschwört den vollkommenen
Menschen – das erste, was Gott erschuf. Dennoch bleibt der
Mensch der Diener Gottes.

### Ana'l-haqq

„Ich bin die absolute Wahrheit", „Ich bin Gott", „Ich bin die
wahre Wirklichkeit". – Dies ist eines der berühmtesten Sufi-Zitate.
Es war die Antwort des an die Tür seines Meisters klopfenden Sufi
al-Hallaj (858–922) auf die Frage, wer dort sei. Al-Hallaj mußte
für dieses als Ketzerei verurteilte Bekenntnis sein Leben lassen.

Die hebräische Bibel unterscheidet sich von den christlichen Ausgaben des Alten Testaments. Sie wird auch Tenach genannt, nach den Anfangsbuchstaben ihrer drei Hauptelemente: Tora (die fünf Bücher Mose), Propheten, Schriften. Die Bücher Mose gelten im Judentum als Offenbarungen aus göttlicher Quelle und sind neben der mündlichen Tradition der Bibelauslegung durch Rabbiner (Singular: Rabbi = „mein Meister") die Grundlage der jüdischen Religion. Die traditionelle Gebetssprache ist Hebräisch, die Sprache der Bibel.

### JHWH

Hebräische Schriftzeichen der Konsonanten, die mit Vokalzeichen den Namen *Jahwe* bilden. Aufgrund falscher mittelalterlicher Bibelübersetzung wurde er auch als *Jehova* übertragen. Es ist der Name des allmächtigen Gottes, der nur einmal jährlich bei den geheimen Riten am Versöhnungstag (Jom Kippur), dem Fasten- und Sühnetag, und ausschließlich vom Hohepriester feierlich ausgesprochen wurde. Heute ist nicht bekannt, wie die Aussprache lautete. Statt des geheimen Namens bediente man sich zahlreicher Umschreibungen (unter anderem *ha-Schem* = „Der Name").

Nach Bruno Nardini (*Das Handbuch der Mysterien und Geheimlehren*, München 1994, S. 43) sind die vier Buchstaben das Geheimzeichen der jüdischen Eingeweihten. Jedes einzelne besitzt symbolische Bedeutung: J (*Yod, Jod*) bezeichnet das aktive Prinzip in allen Dingen, die befruchtende Kraft. H (*He, Heh*) entspricht dem passiven, empfangenden Prinzip. W (*Vod, Waw*) steht für die

Befruchtung als aktive Folge. H (*He, Heh*) entspricht der Frucht als dem passiven Ergebnis. Damit ist JHWH ein Ausdruck für das universale Lebensgesetz.

Eine weitere Möglichkeit, sich der höchsten Wirklichkeit, die durch den Gottesnamen ausgedrückt wird, anzunähern, besteht in der kabbalistischen Deutung der Zahlenwerte der Buchstaben (JHWH hat den Zahlenwert 10 5 6 5).

Umschreibungen für den geheimen Gottesnamen lauten:

### *El* oder (Plural) *Elohim*
„Gott", „die Gottheit". – Das Wort *el* bedeutete wahrscheinlich ursprünglich „mächtig sein".

### *Hael*
„Der wahre Gott"

### *El eljon*
„Gott der Höchste"

### *El schaddai*
„Gott der Allmächtige"

### *El olam*
„Der ewige Gott"

### *Adonai*
„Mein Herr, Herrscher"

### Zebaoth
(von Hebräisch: *zaba* = Herrscher) „Herr der Heerscharen"

\*\*\*

### Ehieh asher ehieh
„Ich bin der ich bin", „Der Ich-bin-da", „Ich werde sein, der ich sein werde", „Ich bin der immerdar Werdende" (Exodus 3,14).

Gott offenbart Moses seinen Namen, indem er durch den brennenden Dornbusch spricht.

### Schema Jisrael,
### Adonai Eloheinu,
### Adonai Echod
„Höre, Israel! Der Herr, unser Gott, ist ein einziger Gott." „Höre, Israel! Jahwe, unser Gott, Jahwe ist einzig", „Höre Israel, der Ewige ist unser Gott, der Ewige ist einer". (Deuteronomium 6,4)

Es handelt sich hierbei um das jüdische Glaubensbekenntnis. Es wird traditionell zusammen mit anderen Abschnitten aus dem Buch Mose täglich beim Aufstehen und Zubettgehen rezitiert; es ist auch das Gebet vor der Vorlesung der Thora und sollte das letzte Gebet vor dem Tod sein.

„Israel" ist hier nicht als geographischer Begriff aufgefaßt, sondern als Gemeinschaft der Gläubigen. Im *Sohar*, dem wichtigsten Werk der Kabbala, lehrt Rabbi Schim'on, daß sich im *Schema*-Gebet das Geheimnis der „Einung des Allerheiligen" dadurch verwirklicht, daß mit von Herzen kommender Willenskraft gebetet wird.

### Adonai, Adonai, el rahum ve-hannun

„Herr, Herr, barmherzig und voll Erbarmen.“

### Baruch atoh Adonai

„Gepriesen seist du, o Herr.“

### Kodoish, kodoish, kodoish Adonai Zebaoth

„Heilig, heilig, heilig ist der Herr Zebaoth.“

### Halelu Jah

„Halleluja!“ „Preiset Gott.“ „Lobet den Herrn.“

### Shalom

Wörtlich: „vollkommen“, „unversehrt sein“, „vollkommen, unversehrt leben“. – Das meist mit „Friede“ übersetzte hebräische Wort umfaßt viele weitere Bedeutungsebenen. Es bezeichnet auch Wohlbefinden sowie materielles und spirituelles Gedeihen und Harmonie zwischen Mensch und Gott.

### Gepriesen seist du, Herr, unser Gott, König der Welt.

Einleitungsformel verschiedener Segens- und Danksprüche (Beracha, Plural: Berachot) sowie Bestandteil täglicher Gebete

### Zu dir, Herr, erhebe ich meine Seele.

(Psalmen 25,1) – Im *Sohar* empfohlener Bestandteil des Morgengebets

*Wo ich gehe – du!*
*Wo ich stehe – du!*
*Nur du, wieder du, immer du!*
*Du, du du!*

Aus einem chassidischen Lied (zitiert nach Martin Buber, *Die Erzählungen der Chassidim*)


## Kabbala

In der mystischen jüdischen Lehre, der Kabbala, symbolisiert der Lebensbaum die sich entfaltende Schöpfung. Er umfaßt zehn göttliche Urkräfte und Erscheinungsformen des Göttlichen, die Sefirot, die auch im Menschen wirken. Jeder der hebräischen Namen der Sefirot ist ein Mantra von hoher Energie:

| | |
|---|---|
| *Malkhut* | – Königreich, Körper, Erde |
| *Jesod* | – Fundament |
| *Hod* | – Herrlichkeit, Ruhm |
| *Nezach* | – Sieg, Macht |
| *Tiferet* | – Schönheit, Gleichgewicht |
| *Geburah* | – Stärke |
| *Hesed* | – Gnade, Güte, Barmherzigkeit |
| *Binah* | – Verstehen, kosmische Intelligenz |
| *Chokhmah* | – Weisheit |
| *Keter* | – Krone, göttliches Licht |

## Das alte Ägypten

Das alte Ägypten ist die Wiege des abendländischen spirituellen Wissens. Seine Einweihungslehren sind in die griechischen und römischen Mysterien eingeflossen sowie in die kabbalistische Weisheit, in die Alchimie und in zahlreiche magische Praktiken, die bis heute in verschiedenen Zirkeln gelehrt und ausgeübt werden.

Die ägyptische Götterwelt, allen voran die Göttin Isis, geriet nie ganz in Vergessenheit. Dennoch wissen wir nur noch sehr wenig über die alten geistigen Techniken und Zauberkräfte. Insbesondere haben wir weder eine wissenschaftlich gesicherte Kenntnis vom Klang der altägyptischen Musik, noch ist den Gelehrten etwas über die Aussprache der Wörter bekannt. Die Hieroglyphen sind sowohl Bild- als auch Lautsymbole. Leider existieren auch keine detaillierten Beschreibungen, wie mit Hilfe von Tönen Energien beschworen wurden.

Der antike Gelehrte Demetrios (gestorben um 287 v. Chr.) berichtet: „In den Tempeln Ägyptens singen Priester Hymnen an die Götter, indem sie die sieben Vokale wie sieben Donner in bestimmter Reihenfolge singen, was einen Klang ergibt, der eine äußerst starke Wirkung auf den Hörer ausübt, so als ob Flöten und Lyren benutzt worden wären" (zitiert nach Benedikt, *Die Kabbala*, Bd. 1, S. 317).

Das Wort – die Anrufung, der Gesang, die Beschwörung – spielte im alten Ägypten eine wichtige Rolle. In dieses Lexikon sind deshalb einige Kostproben der alten Hymnen und Gebete aufgenommen worden.

A

EE

ÄÄÄ

I I I I

OOOOO

*UUUUUUU*

Nach Peter Michael Hamel (*Durch Musik zum Selbst*) ist dies eines der ältesten Mantras ägyptischer Herkunft.

*Es gibt in mir keinen Teil, der nicht göttlich ist,*
*und Thot ist der Schutz meines Körpers.*

Magischer Spruch, nach dem Ägyptologen und Schriftsteller Christian Jacq (*Das verborgene Wissen der Magier*, München 1999). Thot ist der ägyptische Gott der Weisheit und der Magie sowie der Sprache und des Kalenders. Er ist auch der Begleiter der Seelen Verstorbener.

*Sei gegrüßt, Osiris, Herr der Zeit,*
*König der Götter mit vielen Namen,*
*mit heiligen Verkörperungen und geheimen Erscheinungsformen*
*in den Tempeln!*

Anfangszeilen einer Osiris-Hymne aus dem Neuen Reich (etwa 1550–1080 v. Chr.) Einer der geheimen Namen von Osiris lautet „Leben". Osiris ist der alte Gott der Auferstehung und der Fruchtbarkeit und der Gott der Sonne auf ihrer Fahrt durch die Nacht.

*Urheber des Seienden, Schöpfer der Wesen,*
*Großkönig und Oberhaupt der Götter,*
*wir preisen deinen Ratschluß,*
*wie du uns gemacht hast,*
*die gemacht sind aus dir, der du uns geboren,*
*wir geben dir Lobpreis ob deines Ruhmes in uns.*
Hymne an den Sonnengott aus dem Neuen Reich.

*Du bist der Eine, der alles, was ist, geschaffen hat,*
*der Eine Einsame, der das Seiende schuf;*
*aus dessen Augen die Menschen hervorgingen*
*und aus dessen Ausspruch die Götter entstanden.*
Hymne an den Sonnengott, um 1600 v. Chr.

*Mögest du in Frieden erwachen,*
*„Gereinigter", in Frieden!*
*Mögest du in Frieden erwachen,*
*„Horus des Ostens", in Frieden!*
*Mögest du in Frieden erwachen,*
*„Östlicher Ba", in Frieden!*
*Mögest du in Frieden erwachen,*
*„Harachte", in Frieden.*
Nach dem Ägyptologen Jan Assmann bestehen die ältesten
überlieferten kultischen Hymnen aus Rezitationen der Namen
Gottes. *Horus* und *Harachte* bezeichnen verschiedene Erscheinungsformen des Sonnengottes Re.

*Untergehen im Leben*
*seitens der Majestät dieses großen Gottes.*
*Licht und Helligkeit verbreiten in der Finsternis.*
*Die Tore des Westhimmels öffnen.*
*Fackeln anzünden in der Erde.*

Aus den Kulthymnen für das Stundenritual, das den Lauf der Sonne begleitet. Die einzelnen Stationen können auch als Einweihungsschritte gedeutet werden. Dieses Beispiel zitiert den Beginn des Gebets für die erste Stunde der Nacht (aus: Assmann, *Ägyptische Hymnen und Gebete*).

## Indianische und schamanische Welt

Die Mantras und Gesänge der indianischen Völker und der Schamanen dienen der Anrufung göttlicher Kräfte zur Heilung und Harmonisierung, zum Dank und zum Schutz. Meist umfassen sie keine Worte, die übersetzbar wären, sondern bestehen aus klangvollen Silben, um Geistwesen herbeizurufen und eine bestimmte Energie aufzubauen. Dabei werden den Erscheinungsformen des Großen Geistes auch Namen gegeben, die das individuelle unmittelbare Erleben widerspiegeln.

Das Göttliche – der Große Geist, das Große Geheimnis – offenbart sich in der Natur. Einige bekannte Namen, mit denen diese höchste Kraft beschworen wird, werden im folgenden genannt. Doch viele Gebete und Gesänge, die den Charakter eines Mantras haben, werden intuitiv aus der Situation heraus erschaffen und sind keine allgemeinen Formeln.

### Nordamerika

#### *Wakan Tanka*
„Großer Geist", „Höchstes Wesen", „Herr des Lebens" – Name für den allumfassenden Gott in der Sprache des Sioux-Volks

#### *Manitu*
„Kraft, die in allen Dingen wohnt" – Name des Algonkin-Volks für das höchste Wesen

### Orenda

Name des höchsten Wesens in der Sprache der Irokesen

### Taiowa

Schöpfer- und Sonnengott der Hopi

*Hier bin ich. Sieh mich an.*
*Ich bin die Sonne. Sieh mich an.*

Aus dem Morgengesang beim bedeutendsten Fest des Neubeginns und der Lebenskraft, das im Juni stattfindet und von den Sioux Sonnentanz genannt wird.

*Heil! Großer Geist, Großvater,*
*du hast alles geschaffen,*
*bist in allem,*
*lenkst alles,*
*gibst alles*
*und bekräftigst alles,*
*weil alles dir gehört.*

Altes Gebet der Sioux (aus: Panati, *Populäres Lexikon religiöser*
*Bräuche und Gegenstände*)

## Südamerika
. . . . . . . . . . .

### Viracocha (Huiracocha)

Schöpfergott, Gott des Sonnentores von Tiahuanaco (Titicaca-
see), höchste Gottheit des Andenraums

### Inti

(Ketschua) „Sonne" – Sonnengott der Inka und der Sonnen-bruderschaft, die heute das spirituelle Wissen der Inkas lebendig hält

### Pachacamac

(Ketschua) „Welterschaffer", „Seele des Universums" – Schöpfergott, Gott der alten Kultstätte bei Lima

### Pachamama

(Ketschua) „Erdmutter" – Göttin der Erde und Fruchtbarkeit der Inka-Völker, die von den Ketschua-Indianern heute noch ver-ehrt wird

### Uma kon

(Nahuatl) „In meinem Kopf ist Gott." „Ich bin Gott." – Mantra südamerikanischer Indio-Schamanen (aus: Gerhard Lipold, *Songs of the Heart*)

## Die Namen der Göttin

Wenn wir davon ausgehen, daß Namen göttliche Kräfte widerspiegeln und daß diese Kräfte auch im Menschen wohnen, lassen
sich mit den Namen Gottes höhere archetypische Energien wek-
ken, ausdrücken und materialisieren. Das Rezitieren heiliger Namen hilft, die Illusion der Trennung zwischen Mensch und Gott zu
überwinden und sich der eigenen wahren Natur zu erinnern. Die
Namen des Göttlichen sind bis heute mit den spirituellen Ein-
weihungswegen verbunden.

Das Rezitieren der Namen Gottes ist das elementare Mantra in
allen Kulturen und Religionen der Welt. Doch während bei den östlichen Weisheitsschulen die weibliche göttliche Kraft (Shakti) ihren
ehrenvollen Platz einnehmen darf und ihren verschiedenen Formen,
in denen sie sich zeigt, gehuldigt wird, haben die monotheistischen
Religionen Christentum, Islam und Judentum die Göttin nicht nur
vergessen, sondern regelrecht verbannt und verflucht.

Dennoch lebt die Göttin auch in unserem Kulturkreis weiter. Sie
hat viele Gesichter, zeigt sich in zahlreichen Formen und Energien.
Ihre vielen Namen, die sie seit der Zeit Babylons, Ägyptens und der
Antike trug, und die verschiedenen kulturellen Bezüge können hier
nicht aufgezählt werden. Vielmehr werden in alphabetischer Reihenfolge einige elementare Namen aus aller Welt für die Große
Mutter genannt, die zum Teil später Bestandteil anderer Namensfor-
men der Göttin wurden. Lassen Sie sich bei diesen Namen von der
Klangerfahrung leiten und inspirieren, ohne Wortursprung und ge-
schichtliche Wurzeln zu analysieren. Jeder dieser Namen der Göttin
als Große Mutter kann als Mantra dienen.

| | | | |
|---|---|---|---|
| Achamoth | Gaia | Mama | Mirjam |
| Adamma | Hana | Mamaki | Miti |
| Akka | Hawah | Mamata | Modir |
| Ala | Hina | Mana | Moira |
| Allat | Ima | Ma-Nu | Mut |
| Ama | Inanna | Mara | Nammu |
| Amba | Ischtar | Mari | Nana |
| Ana | Kauri | Matta | Neith |
| Baalat | Lif | Mater | Nut |
| Baba | Ma | Matra | Omikami |
| Belit | Madri | Me | Sara |
| Dana | Magna Mater | Mem-Aleph | Scheba |
| Devi | Maha Mata | Mera | Sige |
| Edda | Mahatma | Meri | Tara |
| Freia | Maia | Meter | Tiamat |

## Mantras für eine neue Zeit

Wir erkennen heute, daß uns viele Wege offenstehen, um uns mit der höchsten Wahrheit zu verbinden. Die verschiedenen Namen des Göttlichen und seiner Botschafter – zum Beispiel Shiva, Kali, Jesus Christus, Mohammed, Maria, Kuan Yin, Jahwe – beschreiben unterschiedliche Erscheinungsformen ein und derselben Kraft. Wir können entsprechend unseres persönlichen Hintergrunds jeden einzelnen dieser Namen als Mantra wählen; letztlich führen uns alle zum Ziel.

Weisheitslehrer vieler Richtungen betonen, daß das Rezitieren eines der Namen des Göttlichen heute die einfachste und wirkungsvollste Form ist, die eigene Schwingung zu erhöhen, sich vor Angst und Verwirrung zu schützen und spirituell zu wachsen. Genauso wirksam ist es – wie ab Seite 119 beschrieben – den Namen der eigenen Seele als Mantra zu wählen. Dieser Name stellt ebenfalls eine direkte Verbindung zur göttlichen Kraft her und ist ein Weg, auf dem wir die All-Verbundenheit und Einheit erfahren können.

Eine weitere Möglichkeit besteht darin, sich auf die höheren Qualitäten des Selbst zu besinnen und sie wie ein Mantra zu sprechen. Es sind die Seelenqualitäten des *Ich bin*. Das *Ich bin* ist ein Ausdruck unseres göttlichen Erbes, das wir jetzt zu verstehen beginnen. In die eigene Kraft und in die eigene Mitte kommen wir durch das Anerkennen und Integrieren dieser höheren Anteile unseres Wesens.

Die Mantras der neuen Zeit sind also vordergründig gesehen sehr einfache Formeln:

- die Namen Gottes, Namen, die die Menschen aller Kulturen den göttlichen Kräften gegeben haben,
- die Namen der Seele,
- die Seelenqualitäten des *Ich bin.*

### *Seid stille und erkennt, daß ich Gott bin.*

Sie können diesen Psalmvers (46,11) als eines der Mantras der neuen Zeit wählen, indem Sie ihn in dem Bewußtsein sprechen, daß Sie selbst nichts anderes als göttliche Kraft sind. Nach der Heilerin Barbara Ann Brennan stärkt dieses Mantra die siebte Ebene des menschlichen Energiefelds, die den äußeren Rand der Aura bildet. Brennan bezeichnet sie als die Ebene des göttlichen Geistes und der heiteren Gelassenheit (*Licht-Heilung*, S. 70).

### *Ich bin.*

Dies ist das einfachste Mantra, um die göttliche Wesensessenz zu aktivieren. Verbinden Sie es mit dem Ein- und Ausatmen und dem inneren Bild einer geöffneten Rose in Ihrem Herzen.

Herzensqualitäten

Um der inneren, höheren Weisheit eine Stimme zu geben, können Sie auch eine Herzensqualität als Mantra wählen und sie wie das Ruhe- oder Jesusgebet im Rhythmus von Ein- und Ausatmen rezitieren. Herzensqualitäten haben eine hohe Schwingung, zum Beispiel:

*Dankbarkeit*
*Freiheit*
*Freude*
*Frieden*
*Gelassenheit*
*Glückseligkeit*
*Güte*
*Liebe*
*Mitgefühl*
*Wahrheit*
*Weisheit*

Sehr kraftvoll sind einfache Verknüpfungen von Herzens-qualitäten, wobei der eine Wortteil mit dem Einatmen, der andere mit dem Ausatmen verbunden wird – oder Sie sprechen das voll-ständige Mantra jeweils beim Einatmen und dann wieder beim Ausatmen, zum Beispiel:

*Freude und Glückseligkeit*
*Freudiger Dank*
*Frieden und Fülle*
*Gottes-Geschenk*
*Göttliche Fülle*
*Göttliche Heilung*
*Göttliche Liebe*
*Harmonie und Licht*
*Herz-Einheit*
*Herz-Licht*

Zweiter Teil – Das Lexikon der Mantras

*Lichtvolle Gesundheit*
*Licht-Kraft*
*Liebe und Dankbarkeit*
*Liebende Einheit*
*Liebende Geduld*
*Liebende Güte*
*Reine Liebe*
*Sanftmut und Kraft*
*Wahrheit-Liebe*

In der Meditation, in der Stille werden Sie Ihr Mantra empfangen können, das Ihnen zum gegenwärtigen Lebensabschnitt Unterstützung und Lebensfreude bringt.


*Om shanti shanti shanti*
*Amen*

# Mein persönliches Mantra

*Notizen zu Ihrer eigenen Mantra-Praxis*

# Anhang

## Die Chakras und ihre Zuordnungen

1. **Muladhara** (Sanskrit: *mula* = Wurzel, *ajara* = Grundlage)
   Wurzel- oder Basis-Chakra
   *Lage:* an der Basis der Wirbelsäule, zwischen After und Genitalien
   *Organe/Körperzonen:* Füße, Knochen, Blut, Gedärme, Ausscheidungsorgane, Geschlechtsorgane (Keimdrüsen), Nebennieren
   *Sinne:* Riechen
   *Blütenblätter:* Vam, Sham, Sham, Sam
   *Bija-Mantra:* Lam
   *Gottheit:* Brahma, Dakini-Shakti
   *Yantra:* Quadrat
   *Element:* Erde
   *Tiersymbol:* Elefant
   *Farbe:* Rot
   *Edelstein:* Rubin, Granat
   *Planet:* Mars, Saturn
   *Vokal:* U
   *Kabbala-Entsprechung:* Schechinah (der weibliche Aspekt Gottes), Malkhut (Königreich)
   *Christliches Sakrament:* Taufe
   *Besondere Aspekte:* Sitz der Kundalini; Lebenskraft und Lebenswillen
   *Botschaft:* Ich stehe mit beiden Beinen auf der Erde.

2. **Svadhishthana** („Dem ein eigener Ort zukommt")
   Sakral- oder Sexual-Chakra
   *Lage:* eine Handbreit unterhalb des Bauchnabels
   *Organe/Körperzonen:* Fortpflanzungsorgane, Nieren, Blase, Keimdrüsen
   *Sinne:* Schmecken
   *Blütenblätter:* Bam, Bham, Mam, Yam, Ram, Lam
   *Bija-Mantra:* Vam
   *Gottheit:* Vishnu, Rakini-Shakti
   *Yantra:* Mondsichel
   *Element:* Wasser
   *Tiersymbol:* Krokodil

*Farbe:* Orange
*Edelstein:* Mondstein, Saphir, Karneol
*Planet:* Mond, Pluto
*Vokal:* O, Ü
*Kabbala-Entsprechung:* Jesod (Fundament)
*Christliches Sakrament:* Abendmahl/Kommunion
*Besondere Aspekte:* Sexualität, Schöpferkraft
*Botschaft:* Ich fühle und verfüge über intuitives Wissen.

3. **Manipura** („Voll strahlenden Lichts", „Voll von Juwelen")
   Solarplexus-Chakra
   *Lage:* oberhalb der Magengrube
   *Organe/Körperzonen:* Leber, Magen, Bauchspeicheldrüse
   *Sinne:* Sehen
   *Blütenblätter:* Dam, Dham, Nam, Tam, Tham, Dam, Dham, Nam, Pam, Pham
   *Bija-Mantra:* Ram
   *Gottheit:* Rudra, Lakini-Shakti
   *Yantra:* Dreieck, dessen Spitze nach unten zeigt
   *Element:* Feuer
   *Tiersymbol:* Widder
   *Farbe:* Gelb
   *Edelstein:* Zitrin, Topas
   *Planet:* Sonne, Jupiter
   *Vokal:* O, A
   *Kabbala-Entsprechung:* Hod (Ruhm), Nezach (Sieg, Macht)
   *Christliches Sakrament:* Firmung/Konfirmation
   *Besondere Aspekte:* Macht, Freude
   *Botschaft:* Ich will; ich diene.

4. **Anahata** („Ohne Anfang und Ende klingend", „Der nicht angeschlagene Klang")
   Herz-Chakra
   *Lage:* Mitte des Brustbeins
   *Organe/Körperzonen:* Kreislauf, Atmung, Brustkorb, Thymusdrüse
   *Sinne:* Tasten
   *Blütenblätter:* Kam, Kham, Gam, Gham, Ngam, Cham, Chham, Jam, Jham, Nyam, Tam, Tham
   *Bija-Mantra:* Yam

*Gottheit:* Isha-Shiva, Kakini-Shakti
*Yantra:* Sechseck
*Element:* Luft
*Tiersymbol:* Antilope, Reh
*Farbe:* Grün, Rosa
*Edelstein:* Smaragd, Rosenquarz
*Planet:* Sonne, Venus
*Vokal:* A
*Kabbala-Entsprechung:* Tiferet (Schönheit, Gleichgewicht)
*Christliches Sakrament:* Ehe
*Besondere Aspekte:* Mitgefühl, Verbundenheit, Weisheit des Herzens
*Botschaft:* Ich liebe allumfassend.

5. **Vishuddha** („Lauterkeit, Reinheit")
   Kehl-Chakra
   *Lage:* Hals
   *Organe/Körperzonen:* Kehlkopf, Rachen, Schilddrüse
   *Sinne:* Hören
   *Blütenblätter:* Am, Am, Im, Im, Um, Um, Rim, Rim, Lrim, Lrim, Em, Aim,
       Om, Aum, Am, Ah
   *Bija-Mantra:* Ham
   *Gottheit:* Sada-Shiva (in seinem androgynen Aspekt)
   *Yantra:* Kreis
   *Element:* Äther
   *Tiersymbol:* weißer Elefant
   *Farbe:* Blau
   *Edelstein:* Lapislazuli, Chalcedon
   *Planet:* Merkur; Uranus
   *Vokal:* E, I
   *Kabbala-Entsprechung:* Geburah (Stärke), Hesed (Gnade, Güte)
   *Christliches Sakrament:* Beichte
   *Besondere Aspekte:* Kommunikation, mediales Wissen, Kreativität
   *Botschaft:* Ich spreche meine Wahrheit aus.

6. **Ajna** („Auftrag, Befehl")
   Stirn-Chakra, Drittes Auge
   *Lage:* zwischen den Augenbrauen
   *Organe/Körperzonen:* Augen, Ohren, Nase, Gehirn, Hirnanhangdrüse

*Sinne:* Geistes-/Denkkraft
*Blütenblätter:* Ham, Ksham
*Bija-Mantra:* Om
*Gottheit:* Parama-Shiva, Hakini-Shakti
*Yantra:* geflügelter Kreis
*Element:* –
*Tiersymbol:* –
*Farbe:* Indigo, Violett
*Edelstein:* Fluorit, Sodalith, Sugilith
*Planet:* Neptun, Uranus
*Vokal:* I
*Kabbala-Entsprechung:* Binah (Verstehen), Chokhmah (Weisheit)
*Christliches Sakrament:* Weihe/Ordination
*Besondere Aspekte:* Vision, höhere Weisheit
*Botschaft:* Ich erkenne klar.

7. **Sahasrara** („Eintausend")
   Scheitel- oder Kronen-Chakra
   *Lage:* über dem Scheitel
   *Organe/Körperzonen:* Nervensystem, Zirbeldrüse
   *Sinne:* Ort der Glückseligkeit
   *Blütenblätter:* die fünfzig Buchstaben des Sanskrit-Alphabets, die wiederholt
     werden (tausendblättriger Lotos)
   *Bija-Mantra:* alle Töne
   *Gottheit:* Shiva
   *Yantra:* Lotosblüte
   *Element:* –
   *Tiersymbol:* –
   *Farbe:* Weiß, Gold, Violett
   *Edelstein:* Diamant, Bergkristall, Amethyst
   *Planet:* Saturn, Neptun
   *Vokal:* oM (kurzes O mit lang vibrierendem M)
   *Kabbala-Entsprechung:* Kether (Krone, göttliches Licht)
   *Christliches Sakrament:* Letzte Ölung
   *Besondere Aspekte:* Bedingungslose Liebe, Höheres Selbst
   *Botschaft:* Ich bin eins mit allem.

# Quellenverzeichnis

## Literatur

Al-Ghazali: *The Ninety-Nine Beautiful Names of God.* Cambridge, 1992

Al Hariri-Wendel, Tanja: *Symbole des Islam.* Darmstadt, 1999

Alper, Harvey P. (Hrsg.): *Mantra.* New York, 1989

Alper, Harvey P. (Hrsg.): *Understanding Mantras.* New York, 1989

Anagarika Govinda, Lama: *Grundlagen tibetischer Mystik,* 8. Aufl. Bern/München/Wien, 1991

Ashley-Farrand, Thomas: *Heilende Mantras. Klang-Medizin für Persönlichkeitswachstum, Kreativität und Gesundheit.* München, 2000

Assmann, Jan: *Ägyptische Hymnen und Gebete.* 2. Aufl. CH-Freiburg/Göttingen, 1999

Avalon, Arthur (Sir John Woodroffe): *Die Girlande der Buchstaben – Varnamala. Studien über das Mantra-Shastra.* Weilheim, 1968

Avalon, Arthur (Sir John Woodroffe): *Die Schlangenkraft. Die Entfaltung schöpferischer Kräfte im Menschen,* 6. Aufl. München, 1994

Avalon, Arthur (Sir John Woodroffe): *Shakti und Shakta. Lehre und Ritual der Tantra-Shastras.* München, 1987

*Babaji spricht. Prophezeiungen und Lehren,* 3. Aufl. Weilersbach, 1996

Baumotte, Manfred (Hrsg.): *Kleine Philokalie. Betrachtungen der Mönchsväter über das Herzensgebet.* Zürich/Düsseldorf, 1997

Beckby, Hermann (Hrsg.): *Anthologia Graeca, Buch I-VI,* 2. Aufl. München, 1966

Benedikt, Heinrich Elijah: *Die Kabbala als jüdisch-christlicher Einweihungsweg,* 2 Bände, 5. Aufl. Freiburg, 2001

Berendt, Joachim-Ernst: *Nada Brahma. Die Welt ist Klang,* überarbeitete Neuausgabe. Reinbek, 2000

Bharati, Agehananda: *The Tantric Tradition.* London, 1975

Blau, Tatjana und Mirabai: *Buddhistische Symbole,* 2. Aufl. Darmstadt, 2001

Blofeld, John: *Mantra. Die Macht des heiligen Lautes.* Bern/München/Wien, 1988

Brennan, Barbara Ann: *Licht-Arbeit. Das große Handbuch der Heilung mit körpereigenen Energiefeldern.* München, 1989

Campbell, Donald: *Die Heilkraft der Musik. Klänge für Körper und Seele.* München, 1998

Cassian, Johannes: *Das Ruhegebet. Übertragen und eingeleitet von Peter Dyckhoff.* München, 1992

Cramer, Annette: *Das Buch von der Stimme. Ihre formende und heilende Kraft verstehen und erfahren.* Zürich/Düsseldorf, 1998

Douglas-Klotz, Neil: *Das Vaterunser. Meditation und Körperübungen zum kosmischen Jesusgebet.* München, 2000

Easwaran, Eknath: *Mantram. Hilfe durch die Kraft des Wortes*, 5. Aufl. Freiburg, 2000

Eggeling, Sitara E.: *Indische Yantras. Ein Malbuch*. Darmstadt, 1999

Ehrhard, Franz-Karl/Fischer-Schreiber, Ingrid (Hrsg.): *Das Lexikon des Buddhismus*. Bern/München/Wien, 1992

Eliade, Mircea: *Yoga. Unsterblichkeit und Freiheit*. Frankfurt am Main, 1985

Emoto, Masaru: *Messages from Water*, 10. Aufl. Tokyo, 2001

Friedrichs, Kurt (Hrsg.): *Das Lexikon des Hinduismus*. München, 1996

Gonda, J.: *The Indian Mantra*, in: Oriens 16.1963, S. 244-297

*Gotteslob. Katholisches Gebet- und Gesangbuch*. München, 1975

Griffith, Bede: *Wege zum Christusbewußtsein*. Grafing, 1994

Gunturu, Vanamali: *Hinduismus. Die große Religion Indiens*. Kreuzlingen/München, 2000

Hamel, Peter Michael: *Durch Musik zum Selbst. Wie man Musik neu erleben und erfahren kann*, überarbeitete Ausgabe. München/Kassel, 1980

Hasselmann, Varda/Schmolke, Frank: *Die Seelenfamilie. Sinn und Struktur seelischer Beziehungen*. München, 2001

Hillebrandt, Alfred (Übers.): *Upanishaden. Die Geheimlehre der Inder*, 13. Aufl. München, 1997

Hirschi, Gertrud: *Mudras. Yoga mit dem kleinen Finger*. Freiburg, 1998

Huchzermeyer, Wilfried (Hrsg.): *Das Geheimnis der Mantra-Kraft*. Karlsruhe, 2000

Huchzermeyer, Wilfried (Hrsg.): *Nada Yantra Mantra. Sphären des Klangs*. Karlsruhe, 1998

Jungclaussen, Emmanuel (Hrsg.): *Aufrichtige Erzählungen eines russischen Pilgers*, 11. Aufl. Freiburg/Basel/Wien, 1981

Jungclaussen, Emmanuel (Hrsg.): *Das Jesusgebet. Anleitung zur Anrufung des Namens Jesu von einem Mönch der Ostkirche*, 4. Aufl. Regensburg, 1985

Jungclaussen, Emmanuel: *Unterweisung im Herzensgebet*. St. Ottilien, 1999

Keyes, Laurel Elizabeth: *Toning. The Creative Power of the Voice*, 15. Aufl. Marina del Rey, 1997

Kirchhoff, Hermann: *Grundgebete der Christen*. München, 1998

Lipold, Gerhard: *Songs of the Heart. Spirituelle Lieder und Mantras*. Andrichsfurt, 1995

Lysebeth, André van: *Tantra für Menschen von heute*. München, 1990

Main, John: *Meditieren mit den Vätern. Gebetsweise in der Tradition des Johannes Cassian*. Münsterschwarzach, 1983

Mata Amritanandamayi: *Bhanjanamritam. Devotional Songs*. 4 Bände. San Ramon (www.amma.de)

Middendorf, Ilse: *Der erfahrbare Atem. Eine Atemlehre*. Paderborn, 1984

Muktananda Paramahansa, Swami: *Das Mantra So'Ham. Eine Meditationstechnik für jedermann.* Freiburg, 1986

Mutter Meera: *Antworten.* Dornburg-Thalheim, 1994

Myss, Caroline: *Mut zur Heilung. Wie Sie Ihre Energien nutzen, um gesund zu werden.* München, 2000

Osho: *Das orangene Buch. Die Meditationstechniken Oshos,* 8. Aufl. Zürich, 1998

Panati, Charles: *Populäres Lexikon religiöser Bräuche und Gegenstände. Von Altar bis Yin und Yang,* 2. Aufl. München/Zürich, 2000

Paramahansa Hariharananda: *Kriya Yoga,* 2. Aufl. Kreuzlingen/München, 2000

Pir Vilayat Inayat Khan: *Das, was durchscheint durch das, was erscheint. Sufismus erleben.* Bad Bevensen, 1998

Pir Vilayat Inayat Khan: *Erwachen. Eine Sufi-Erfahrung.* München, 2000

Ramana Maharshi: *Sei, was du bist! Ramana Maharshis Unterweisungen über das Wesen der Wirklichkeit und den Pfad der Selbstergründung.* Hrsg. von David Godman. Bern/München/Wien, 1990

Roloff, Rosemarie: *Kleines spirituelles Wörterbuch Sanskrit/Deutsch. Eine Wortsammlung aus den Lehren von Sathya Sai Baba.* Bonn, 1990

Pir-o-Murshid Hazrat Inayat Khan: *Musik und kosmische Harmonie aus mystischer Sicht,* 2. Aufl. Heilbronn, 1987

Ramachandra Rao, S. K.: *Tantra, Mantra, Yantra. The Tantra Psychology.* New Delhi, 1979

Ramm-Bonwitt, Ingrid: *Mudras – Geheimsprache der Yogis,* 3. Aufl. Freiburg, 1997

Sathya Sai Baba: *Der Weg nach Innen – Sadhana,* 5. Aufl. Dietzenbach, 1998

Scherschel, Rainer: *Der Rosenkranz – das Jesusgebet des Westens,* 2. Aufl. Freiburg/Basel/Wien, 1982

Schimmel, Annemarie: *Mystische Dimensionen des Islam. Die Geschichte des Sufismus.* Köln, 1985

Schimmel, Annemarie: *Sufismus. Eine Einführung in die islamische Mystik.* München, 2000

Schirner, Markus: *Atem-Techniken. Übungen für einen längeren Atem.* Darmstadt, 2000

Schumann, Hans Wolfgang: *Die großen Götter Indiens. Grundzüge von Hinduismus und Buddhismus.* München, 1996

Snelling, John: *Buddhismus. Ein Handbuch für den westlichen Leser.* München, 1991

Sri Chinmoy: *Die Kraft der Mantren.* Zürich, 1985

Swami Sivananda Radha: *Mantras – Words of Power.* Spokane, 1996

Swami Vishnu Devananda: *Meditation und Mantras. Eine Darstellung der großen Yoga-Systeme in Theorie und Praxis.* München, 1986

Thich Nhat Hanh: *Mit dem Herzen verstehen,* 7. Aufl. Berlin, 2000

Tigunait, Pandit Rajmani: *The Power*

of Mantra. The Mystery of
Initiation. Honesdale, 1996
Tomatis, Alfred: Der Klang des
Universums. Vielfalt und Magie der
Töne. Düsseldorf/Zürich, 1997

## CDs und Kassetten – eine Auswahl

Henry Marshall: Mantras. Magische Gesänge der Kraft (Hermann Bauer Verlag)
Henry Marshall: Mantras II – To change the world (Oreade Music)
Henry Marshall: Mantras III – A little bit of heaven (Oreade Music)
Bruce Werber/Claudia Fried: Mantras der Welt (Hermann Bauer Verlag)
Gudula Blau: Brücke zum Licht. Mantras und Lieder aus sechs Weltreligionen
(Gudula Blau)
Joachim-Ernst Berendt: Nada Brahma (Zweitausendeins)
Gayatri Mantra (Oreade Music)
Deva Premal: The Essence (Gayatri Mantra; Same Boat Music)
Robert Gass/On Wings of Song: Om Namaha Shivaya (Spring Hill Music)
David Ianni/Christian Bollmann/Obertonchor Düsseldorf: Om mani padme hum
(Lichthaus Musik)
Mata Amritanandamayi: Spirituelle Praxis, Vol. 1 (sowie zahlreiche Aufnahmen
mit Bhajans; www.amma.de)
Murali (Woschek Spiritual Music)
Chant Grégorien par les Moines de Solesmes (Ateliers du Fresne)
Christian Bollmann: Abwun. The Prayer of Jesus (Aramäisches Vaterunser;
Lichthaus Musik)
Shalom Salam (Woschek Spiritual Music)
Nusrat Fateh Ali Khan: Traditional Sufi Qawwlis. Live in London – Vol. 1 (Allah
hu; Navras Records)
Sufi Music. The Rough Guide to Sufi Music (World Music Network)
Krishna Das: One Track Heart (Tri Loka Records)
Krishna Das: Pilgrim Heart (Tri Loka Records)

228

# Index

Das Register umfasst das Lexikon der Mantras in alphabetischer Reihenfolge sowie thematische Stichwörter für die Wahl eines Mantras. Grundsätzlich besitzt jedes der hier verzeichneten Mantras eine heilsame, transformierende, ordnende Wirkung. Alle Mantras sind ein Weg, die eigene göttliche Natur und All-Einheit zu erfahren.

**A** Abba ............................................................................................................. 164

Aber nicht wie ich will, sondern wie du willst ............................................ 190

*Absolutes Bewußtsein* → Om ......................................................... 123-125

Abwun d'bwaschmaja … ........................................................................ 171f.

*Achtsamkeit füreinander* → Om namo Narayanaya .............................. 134

Adi Shakti namo ...................................................................................... 140

Adonai ........................................................................................... 163, 201

Adonai, Adonai, el rahum ve-hannun .................................................... 203

A-E-Ä-I-O-U ............................................................................................ 206

Agnus Dei .............................................................................................. 176f.

Aham ...................................................................................................... 147

Aham asmi .............................................................................................. 148

Aham Brahmasmi .................................................................................. 146

Aham devi na canyosmi ........................................................................ 148

Aim ......................................................................................................... 126

Alaha ...................................................................................................... 164

Al-hamdu lil-lah ..................................................................................... 196

Allah ............................................................................................... 193-195

Allah Mohammed rasul .......................................................................... 193

Allahu akbar ........................................................................................... 196

Alleluia ........................................................................................... 166, 178

*Allgemeinwohl*

→ Om mani padme hum ...................................................................... 128f

→ Hari Om .......................................................................................... 135

→ Sarve bhavantu sukina … ............................................................... 156

Amba parameshvari … .......................................................................... 148

Amen ...................................................................................................... 166

*Amitabha*

→ Hsum Hayashirase namah .............................................................. 154

→ Namu Amida Butsu .......................................................................... 153

→ Om ah hum ............................................................... 128
→ Om Ami deva shri .................................................. 154
→ Om namo Amitabha ............................................... 153
Ana Ahmad bila mim ................................................ 199
Ana'l-haqq ................................................................. 199
Angelus ..................................................................... 175f.
Apostolisches Glaubensbekenntnis ........................... 186f.
Aramäisches Vaterunser ............................................ 171f.
Ar-Rahman → Die 99 Namen Allahs ......................... 194f.
As-salamu alaikum wa rahmatul-lah ......................... 196
Atem ......................................................................... 127
*Aum* → Om .............................................................. 123-125
Aus der Tiefe rufe ich, Herr, zu dir: Herr, höre meine Stimme ............... 168
*Avalokiteshvara*
→ Herz-Sutra ............................................................. 151f.
→ Om ah hum ............................................................ 128
→ Om mani padme hum ............................................. 128f.
Ave gratia plena, Dominus tecum ... ........................ 173
Ave Maria ................................................................. 173f.
Ave Maris Stella ....................................................... 174
Ave Rosa .................................................................. 175
Ayam atma Brahma .................................................. 147

**B** *Bannen von negativen Kräften* → Om hum phat ............... 155
Baruch atoh Adonai .................................................. 203
Befreie uns, Herr ...................................................... 162
*Befreiung*
→ Befreie uns, Herr ................................................... 162
→ Hare Rama Hare Rama ........................................... 138
→ Om Kali Ma ........................................................... 142
→ So'ham .................................................................. 127
*Bekräftigung*
→ Amen ..................................................................... 166
→ Om shanti, shanti, shanti ....................................... 156f.
*Benedictus* → Sanctus ............................................. 181
*Beredsamkeit*
→ Aim ........................................................................ 126
→ Om vagdevyai ca vidmahe ... ................................ 143

*Beständigkeit, Halt* → Om namo bhagavate Vasudevaya ............................ 134

Bhakti-Yoga ........................................................................... 136, 137

**Bhuvaneshvari** → Hrim .............................................................. 126

Bija-Mantra .............................................................................. 125f.

Binah ...................................................................................... 204

**Bindungen und Begrenzungen überwinden**

→ Krim .................................................................................. 126

→ So'ham ............................................................................... 127

Bismillah .................................................................................. 196

Bismillah ir-rahman ir-rahim ......................................................... 197

Bismillah ya fatah ....................................................................... 199

**Brahman**

→ Parameshvaraya vidmahe ........................................................ 131

→ Prajnanam Brahma ................................................................ 146

Buddham saranam gachchami ..................................................... 152

C Chokhmah ............................................................................. 204

Christe eleison ........................................................................... 160

Christe makar ........................................................................... 188

Christe, teen proialle charin kamatoisin emeio ................................ 188

Christe, theou sophie ................................................................. 187

Christus, erbarme dich ................................................................ 160

Christus, gieße du Gnade auf meine Werke hernieder ...................... 188

Christus, Weisheit von Gott... ...................................................... 187

Christusbewußtsein ................................................................. 189-191

Credo ................................................................................ 182-187

D Danket dem Herrn, denn er ist gütig,  denn seine Huld währt ewig .......... 169

Das Alpha und das Omega .......................................................... 163

Das große Halleluja .................................................................... 178f.

Dein ist die Macht und die Herrlichkeit in alle Zeiten ....................... 171

**Dein Wille geschehe, Hingabe**

→ Aber nicht wie ich will, sondern wie du willst ............................. 190

→ Herr, wie es dir gefällt ........................................................... 162

→ Om namah Shivaya ............................................................... 132

→ Radhe Govinda .................................................................... 137

Der Engel des Herrn brachte Maria die Botschaft ... ....................... 175f.

Der Herr ist mein Hirte, mir wird nichts mangeln .......................... 168

Der Herr ist mein Licht und mein Heil ....................................................... 167
Deus ................................................................................................................ 163
Deus, in adiutorium meum intende ... ..................................................... 158f.
Dich, Gott, loben wir, Herr, Gott, dich loben wir ................................ 181
Die Erde ist voll der Güte des Herrn ........................................................ 169
Dies ist der Tag, den der Herr gemacht hat ... ........................................ 169
Domine Jesu (Christe) ................................................................................. 165
Dona nobis pacem ....................................................................................... 177
Du bist der Eine, der alles, was ist, geschaffen hat ... ............................ 207
Dum ............................................................................................................... 126

**Durga**
➜ Dum ........................................................................................................ 126
➜ Jaya Durga devi ..................................................................................... 141
➜ Kali Durge namo nama ......................................................................... 142
➜ Om dum Durgayai namaha ... ............................................................. 141
➜ Om hrim dum Durgayai namah ........................................................... 141
➜ Om katyayanyai vidmahe ... ................................................................ 140
➜ Om shri Durgayai namah ..................................................................... 141

**E** *Ehe, Partnerschaft*
➜ Hrim gam Ganapataye gam hrim ........................................................ 139
➜ Om dasarathaye vidmahe ... ................................................................ 144
➜ Om ekadantaya vidmahe ... ............................................................... 138f.
Ehieh asher ehieh .............................................................................. 163, 202
Ehre sei dem Vater und dem Sohn
und dem Heiligen Geist ... ....................................................................... 172
Ehre sei Gott in der Höhe ... ............................................................ 179, 180
Ein' feste Burg ist unser Gott ................................................................... 189
*Ekajata* ➜ Om hum vajrange mama raksa phat svaha ........................... 149
El ......................................................................................................... 163, 201
El eljon ......................................................................................................... 201
El olam .......................................................................................................... 201
El schaddai.................................................................................................... 201
Eli .................................................................................................................. 164
Eloah ............................................................................................................. 163
Elohim .................................................................................................. 163, 201
Eloi ................................................................................................................ 164
*Empfangen, Aufnehmen* ➜ Herz-Sutra .................................................. 151f.

*Ent-Täuschung*
→ Hrim .................................................................... 126
→ Om Kali Ma ........................................................ 142
→ Om tat sat .......................................................... 147
Erbarme dich unser ................................................ 161
*Erfolg*
→ Gam ................................................................... 126
→ Glaum ................................................................ 126
→ Jai, jai Kali Ma .................................................. 142
→ Klim Krishnaya namah ....................................... 136
→ Om ekadantaya vidmahe … .............................. 138f.
→ Om gam Ganapataye namaha ............................ 139
→ Om shri maha Ganapataye namah ...................... 139
*Erhalten, in Harmonie bleiben*
→ Kshraum ............................................................ 126
→ Om namo bhagavate Vasudevaya ...................... 134
→ Om namo Narayanaya ....................................... 134
→ Om Narayanaya vidmahe … .............................. 135
Es gibt in mir keinen Teil, der nicht göttlich ist … .... 206
Ewiges Sein ............................................................ 164

**F** Form ist nichts als Leere, Leere ist nichts als Form ........ 151
*Freude*
→ Dies ist der Tag, den der Herr gemacht hat … .... 169
→ Hare Rama Hare Rama ....................................... 138
→ Om dasarathaye vidmahe .................................. 144
→ Om shri Ram jai Ram jai jai Ram ....................... 145
→ Om shri Ramaya namah ..................................... 145
→ Rama ................................................................. 144
→ Shri Rama Rama Rameti ..................................... 145
*Frieden, Friedfertigkeit*
→ Dona nobis pacem ............................................. 177
→ Herr, mein Gott, mach mich zum Werkzeug deines Friedens … .......... 188
→ Ich ließ meine Seele ruhig werden … ................. 168
→ Metta-Sutta ....................................................... 150
→ Om mani padme hum ........................................ 128f.
→ Om shanti .......................................................... 156f.
→ Om shri Ram jai Ram jai jai Ram ....................... 145

→ Shalom .......................................................................... 203
→ Shri Rama Rama Rameti ... ......................................... 145
→ Shrim .......................................................................... 126
**Fruchtbarkeit**
→ Pachamama .................................................................. 211
→ Om tatpurshaya vidmahe ... ....................................... 131
→ Sei gegrüßt, Osiris, Herr der Zeit ... ........................... 206
**Fülle** (siehe *Reichtum*)

# G Gam ............................................................................ 126
**Ganesha/Ganapati**
→ Gam ............................................................................ 126
→ Om ekadantaya vidmahe ... ....................................... 138f.
→ Om shri maha Ganapataye namah ............................. 139
Gate, gate, paragate, parasamgate, bodhi svaha ........... 151
**Gayatri** → Tat savitur varenyam ... ............................. 129-131
Geburah .......................................................................... 204
Gegrüßet seist du, Maria ... ............................................ 174
Geheiligt werde dein Name ............................................ 162
**Gelehrsamkeit**
→ Aim ............................................................................ 126
→ Om vagdevyai ca vidmahe ... ..................................... 143
Gepriesen seist du, Herr, unser Gott, König der Welt ... 203
**Gesundheit/Wohlbefinden**
→ Om shri Hanumate namah .......................................... 145
→ Om tryambakam yajamahe ... ..................................... 133
→ Shrim .......................................................................... 126
Gib uns Frieden .............................................................. 177
**Glaubensbekenntnis**
→ Buddham saranam gachchami ... ................................ 152
→ Credo .......................................................................... 183-187
→ La ilaha illa Allah ... ................................................... 192f.
→ Schema Jisrael ... ........................................................ 202
Glaum ............................................................................. 126
Gloria in excelsis Deo ... ................................................ 179f.
**Glückseligkeit** (siehe auch *Krishna*)
→ Om devakinandanaya vidmahe ... ............................... 136
**Göttliche Mutter** (siehe auch *Durga, Kali, Weibliche Kraft*)

234

→ Amba parameshvari … ............................................................................. 148
→ Ave Maria ................................................................................................ 173f.
→ Ave Maris Stella ..................................................................................... 174
→ Ave Rosa ................................................................................................. 175
→ Dum ......................................................................................................... 126
→ Heilige Maria, Mutter Gottes ............................................................... 174
→ Jai mahamaya ki jai ............................................................................... 148
→ Jaya jaya Devi Mata namah ................................................................... 148
→ Jaya Ma ................................................................................................... 149
→ Mutter Gottes, gedenke meiner ............................................................ 175
→ Namen der Göttin .................................................................................. 212f.
→ Pachamama .............................................................................................. 211
→ Om mata Om ma .................................................................................... 149
→ Om tare tutare ture svaha ...................................................................... 149
→ Salve Regina ........................................................................................... 182
Gopala (siehe *Krishna*)
Gott ............................................................................................................ 163
Gott hilft .................................................................................................... 162
Gott ist die Liebe … ................................................................................. 190
Gott ist in allen Dingen ........................................................................... 188
Gott, komm mir zu Hilfe. Herr, eile mir zu Hilfe ................................. 158
**Gottesliebe**
→ Govinda jai jai … ................................................................................. 137
→ Haraye namah Krishna … ................................................................... 137
→ Krishna Govinda Gopala ..................................................................... 136
→ Om devakinandanaya vidmahe … ...................................................... 136
→ Radhe Govinda ..................................................................................... 137
Govinda jai jai … ...................................................................................... 137
Govinda (siehe *Krishna*)
Gregorianischer Choral ........................................................................ 177-182
Gruß dir, Mariam, Sternenkrone ............................................................ 175
**Güte**
→ Die Erde ist voll der Güte des Herrn .................................................. 169
→ Metta-Sutta ........................................................................................... 150
→ Sarve bhavantu sukina … .................................................................... 156
**Guru/Meister/Lehrer finden** → Om Krishna guru ................................. 138
Gyate gyate hara gyate … ........................................................................ 151f.

**H** Hab Erbarmen mit mir, Herr, du Sohn Davids .................................................. 161

Haec dies, quam fecit Dominus ... .......................................................... 169

Hael ........................................................................................................ 201

Halelu Jah .................................................................................... 166, 203

Halleluja ................................................................................ 166; 178f.

Halleluja! Lobet den Herrn in seinem Heiligtum ... ............................. 178f.

Halleluja! Lobet den Herrn, alle Völker ... ......................................... 168

Ham ........................................................................................................ 126

Ham Hanumate namah ........................................................................ 145f.

*Hanuman*

→ Ham Hanumate namah ........................................................... 145f.

→ Jai shri Hanuman ...................................................................... 146

→ Om shri Hanumate namah ..................................................... 145

Haraye namah Krishna Yadavaya namah ... ...................................... 137

Hare Rama Hare Rama ... ................................................................... 138

Hari Om .............................................................................................. 135

Hari Om Shiva Om ... ........................................................................ 133

Hari (siehe *Vishnu*)

*Harmonische Lebensgestaltung*

→ Kshraum .................................................................................. 126

→ Om namo bhagavate Vasudevaya ........................................... 134

→ Om Narayanaya vidmahe ... .................................................. 135

Haum ................................................................................................. 126

*Hayagriva* → Hsum Hayashirase namah ................................................ 154

Heil! Großer Geist, Großvater ... ....................................................... 210

Heilig, heilig heilig ist der Herr Zebaoth ... ................................. 181, 203

Heilig, heilig, heilig ist der Herr Gott der Heerscharen ... ................. 181

Heilige Maria, Mutter Gottes ............................................................ 174

Heilige Maria, Mutter Gottes, bitte für uns Sünder ... ...................... 174

Herr .................................................................................................... 163

Herr Jesus (Christus) ......................................................................... 165

Herr Jesus Christus, erbarme dich meiner ........................................ 159

Herr Jesus Christus, erbarme dich unser ........................................... 159

Herr Jesus Christus, Sohn Gottes, erbarme dich unser ..................... 159

Herr, erbarme dich ............................................................................. 160

Herr, erbarme dich, Christus erbarme dich ...................................... 161

Herr, Jesus Christus, Sohn und Wort
des lebendigen Gottes ... .................................................................. 159

Herr, mein Gott, mach mich zum Werkzeug
deines Friedens … ................................................... 188
Herr, rette mich ........................................................ 162
Herr, Sohn Davids, hab Erbarmen mit mir .................... 161
Herr, Sohn Davids, hab Erbarmen mit uns ..................... 161
Herr, wie es dir gefällt … ......................................... 162
**Herz-Chakra**
→ Om ah hum ........................................................ 128
→ Yam ................................................................. 126
Herzensgebet .......................................................... 159f.
Herzensqualitäten .................................................215-217
Herz-Sutra ............................................................. 151f.
Hesed .................................................................... 204
Hier bin ich. Sieh mich an … .................................... 210
Hilf doch ............................................................... 166
Hod ...................................................................... 204
**Höchstes Selbst** → So'ham ..................................... 127f.
Hosanna dem Sohn Davids! Gesegnet sei er … ............. 181
Hosianna/Hosanna ................................................... 166
Hrim ..................................................................... 126
Hrim gam Ganapataye gam hrim ................................ 139
Hsum Hayashirase namah ......................................... 154
Hu ........................................................................ 198
Hu el-haiy el-quaiyum .............................................. 198
Hu, Allah hu ........................................................... 198
Huiracocha ............................................................. 210
Hung vajra peh ....................................................... 154

**I** Ich bin ...................................................... 163, 215
Ich bin das Brot des Lebens ....................................... 190
Ich bin das Licht der Welt .......................................... 190
Ich bin der Weg und die Wahrheit und das Leben .......... 191
Ich bin der gute Hirte .............................................. 190
Ich bin der ich bin ................................................... 163
Ich bin die Auferstehung und das Leben ....................... 191
Ich bin die Tür ........................................................ 190
Ich glaube an Gott, den Vater, den Allmächtigen … ........ 186f.
Ich ließ meine Seele ruhig werden und still … ............... 168

Ich und der Vater sind eins ............................................................... 190
*Ideenreichtum* → Om aim Sarasvatyai namah ................................ 143
Iha Sariputra rupam sunyata sunataiva rupam ... ........................... 151
Im Namen des Vaters, des Sohnes und des Heiligen Geistes .................. 167
In nomine Patris et Filii et Spiritus Sancti ..................................... 167
*Innerer Arzt* → Om shri dhanvantre namah ................................... 155
*Intelligenz*
→ Gam/Glaum ............................................................................ 126
→ Om aim Sarasvatyai namah ...................................................... 143
→ Om vagdevyai ca vidmahe ... .................................................. 143
Inti .................................................................................................. 211
Ishq Allah mahbud lillah ................................................................ 199

**J** Jahwe ............................................................................................. 200
Jai mahamaya ki jai .......................................................................... 148
Jai shri Hanuman ............................................................................. 146
Jai, jai Kali Ma ................................................................................. 142
Jaya Durga devi ................................................................................ 141
Jaya jaya Devi Mata namah ............................................................. 148
Jaya Ma ............................................................................................ 149
Jeschua ............................................................................................. 165
Jesod ................................................................................................ 204
Jesus ................................................................................................. 165
Jesus Christus ................................................................................... 165
Jesus Christus, Sohn Gottes ............................................................. 165
Jesusgebet ...................................................................................... 159f.
JHWH ............................................................................................ 200f.
Joschua Immanuel ........................................................................... 165
Joschua Maschia .............................................................................. 165

**K** Kabbala ........................................................................................... 204
Kali Durge namo nama .................................................................... 142
*Kali*
→ Jai, jai Kali Ma .......................................................................... 142
→ Kali Durge namo nama .............................................................. 142
→ Krim ......................................................................................... 126
→ Om dum Durgayai namaha ... ................................................... 141
→ Om hrim Adyayai vidmahe ... .................................................. 141f.

→ Om Kali Ma ............................................................ 142
→ Om shri maha Kalikayai namah ........................ 142
*Kannon* → Om mani padme hum ............................ 128f.
*Kehl-Chakra*
→ Ham ...................................................................... 126
→ Om ah hum ........................................................ 128
Keter .......................................................................... 204
Klim ........................................................................... 126
Klim Krishnaya namah ............................................ 136
Kodoish, kodoish, kodoish Adonai Zebaoth ............ 203
Komm, Herr Jesus ................................................... 161
Komm, wahres Licht! Komm, ewiges Leben ............ 161
*Kosmisches Bewußtsein* → Tat savitur varenyam ... ............. 129-131
*Krankheit überwinden*
→ Ham Hanumate namah ...................................... 145f.
→ Om hrim hram rim ram Vishnushaktaye namah ..... 135
→ Om shri dhanvantre namah .............................. 155
→ Om shri Hanumate namah ................................ 145
→ Om tryambakam ... ............................................ 133
*Krankheit, Schutz vor*
→ Om dum Durgayai namaha ... ............................ 141
→ Om hrim hram rim ram Vishnushaktaye namah ..... 135
→ Krim .................................................................... 126
Krishna Govinda Gopala ......................................... 136
*Krishna*
→ Haraye namah Krishna ... .................................. 137
→ Hare Rama Hare Rama ... ................................. 138
→ Hari Om .............................................................. 135
→ Klim .................................................................... 126
→ Klim Krishnaya namah ...................................... 136
→ Krishna Govinda Gopala ................................... 136
→ Om devakinandanaya vidmahe ... ..................... 136
→ Om Krishna guru ............................................... 138
→ Radhe Govinda .................................................. 137
*Kronen-/Scheitel-Chakra* → Om ah hum ................ 128
Kshraum ................................................................... 126
*Kuan Yin* → Om mani padme hum ......................... 128f.
*Künstlerische Fähigkeiten*

→ Om aim Sarasvatyai namah .................................................................. 143
→ Om vagdevyai ca vidmahe … ....................................................... 143
Kyrie eleison ....................................................................................... 160
Kyrie eleison, Christe eleison ............................................................ 161
Kyrios ................................................................................................... 163
Kyrios Jesus Christus ......................................................................... 165

**L** La ilaha illa Allah .................................................................. 192f.
La ilaha illa 'l-ishq ............................................................................ 199
***Lakshmi***
→ Om mahadevyai ca vidmahe … ................................................. 143
→ Om shrim maha Lakshmyai svaha ........................................... 144
→ Shrim ...................................................................................... 125, 126
Lam ........................................................................................................ 126
Lamm Gottes .............................................................................. 176, 177
Laudate Dominum in sanctis eius … .............................................. 178
Laudate Dominum, omnes gentes … .............................................. 168
***Lebensübergänge meistern*** → Om asatoma sadgamaya … .......... 155
Libera nos Domine ............................................................................. 162
***Licht***
→ Namu Amida Butsu ...................................................................... 153
→ Om Ami deva shri ....................................................................... 154
→ Om mani padme hum .................................................................. 128f.
→ Om namo Amitabha ..................................................................... 153
Lieber Gott .......................................................................................... 162
Lieber Vater ......................................................................................... 164
Lobe den Herren, den mächtigen König der Ehren … ................... 183
Lobet den Herrn .................................................................................. 166
Lobet den Herrn in seinem Heiligtum ............................................. 178f.
Lobet den Herrn, alle Völker ............................................................ 168
Lokaha samastaha sukhino bhavantu ............................................... 150
***Loslassen*** (siehe auch *Kali, Shiva*)
→ Aber nicht wie ich will, sondern wie du willst ......................... 190
→ Ham/Haum ................................................................................... 126
→ Herr, wie es dir gefällt ................................................................ 162
→ Krim .............................................................................................. 126
***Lotos-Sutra*** → Nam Myoho Renge-kyo ........................................ 154

**M** Mahavakyas ............................................................. 146f.

Malkhut ...................................................................... 204

Manitu ....................................................................... 209

Maranatha .................................................................. 161

**Maria**

→ Ave Maria ............................................................ 173f.

→ Ave Maris Stella .................................................. 174

→ Ave Rosa ............................................................. 175

→ Gruß dir, Mariam, Sternenkrone ......................... 175

→ Heilige Maria, Mutter Gottes .............................. 174

→ Mutter Gottes, gedenke meiner .......................... 175

**Materieller Wohlstand** (siehe *Reichtum*)

Mein Gott und mein Alles ......................................... 188

Mein Herr und mein Gott, nimm alles von mir,

was mich hindert zu dir .............................................. 189

Metta-Sutta ................................................................ 150

Miserere nobis ........................................................... 161

**Mitgefühl**

→ Namu Amida Butsu .............................................. 153

→ Om ah hum .......................................................... 128

→ Om Ami deva shri ................................................ 154

→ Om mani padme hum ........................................... 128

→ Om namo Amitabha ............................................. 153

→ Om tare tutare ture svaha .................................... 149

→ Sarve bhavantu sukina ......................................... 156

Mögest du in Frieden erwachen … ............................. 207

**Morgenhymne/-gebet**

→ Gloria ................................................................. 179f.

→ Tat savitur varenyam … .................................. 129-131

→ Zu dir, Herr, erhebe ich meine Seele ................... 203

Muhammad-ar rasul Allah .......................................... 192f.

**Musische Talente** → Om aim Sarasvatyai namah .......... 143

**Mut** → Om shri Hanumate namah ............................... 145

Mutter Gottes, gedenke meiner .................................. 175

**N** Nam Myoho Renge-kyo ......................................... 154

Namu Amida Butsu ..................................................... 153

Narasimha (siehe *Vishnu*)

Narayanaya (siehe *Vishnu*)
Nataraja (siehe *Shiva*)
**Nembutsu** → Namu Amida Butsu ............................................. 153
**Neuanfänge, neue Unternehmungen**
→ Om ekadantaya vidmahe ...................................... 138f.
→ Om gam Ganapataye namaha ...................................... 139
→ Om Ganesha namah Om ...................................... 139
→ Om namah Shivaya ...................................... 132
→ Om shri maha Kalikayai namah ...................................... 142
Nezach ...................................... 204

O O Herr, hilf ...................................... 162
O-mi-to-fo ...................................... 153
Om ...................................... 123-125, 126, 130
Om ah hum ...................................... 128
Om aim Sarasvatyai namah ...................................... 143
Om Ami deva shri ...................................... 154
Om asatoma sadgamaya … ...................................... 155
Om bhur bhuvah svah … ...................................... 130
Om dasarathaye vidmahe ...................................... 144
Om devakinandanaya vidmahe ...................................... 136
Om dum Durgayai namaha ...................................... 141
Om ekadantaya vidmahe ...................................... 138f.
Om gam Ganapataye namaha ...................................... 139
Om Ganesha namah Om ...................................... 139
Om hrim Adyayai vidmahe ...................................... 141f.
Om hrim dum Durgayai namah ...................................... 140
Om hrim hram rim ram Vishnushaktaye namah ...................................... 135
Om hrim kshraum krom hum phat ...................................... 135f.
Om hum phat ...................................... 155
Om hum vajrange mama raksa phat svaha ...................................... 149
Om Kali Ma ...................................... 142
Om katyayanyai vidmahe ...................................... 140
Om Krishna guru ...................................... 138
Om mahadevyai ca vidmahe … ...................................... 143
Om mani padme hum ...................................... 128
Om mata Om ma ...................................... 149
Om namah Shivaya ...................................... 132

Om namo Amitabha ............................................................. 153
Om namo bhagavate Vasudevaya ....................................... 134
Om namo Narayanaya .......................................................... 134
Om Narayanaya vidmahe … ................................................ 135
Om sarvasammohinyai vidmahe … ..................................... 139f.
Om satyam Shivam sundaram ............................................. 133
Om shanti ............................................................................ 156f.
Om shri dhanvantre namah ................................................ 155
Om shri Durgayai namah .................................................... 141
Om shri Hanumate namah ................................................. 145
Om shri maha Ganapataye namah ..................................... 139
Om shri maha Kalikayai namah .......................................... 142
Om shri Ram jai Ram jai jai Ram ....................................... 145
Om shri Ramaya namah ..................................................... 145
Om shrim maha Lakshmyai svaha ...................................... 144
Om tare tutare ture svaha ................................................. 149
Om tat sat .......................................................................... 147
Om tatpurshaya vidmahe … ............................................... 131f.
Om tryambakam yajamahe … ............................................ 133
Om vagdevyai ca vidmahe … ............................................. 143
Om vajra sattwa hung ........................................................ 155
Orenda ............................................................................... 210
Osanna ............................................................................... 166
*Osiris* → Sei gegrüßt, Osiris, Herr der Zeit ..................... 206

**P** *Pachacamac* ............................................................. 211
*Pachamama* ..................................................................... 211
*Padmasambhava* → Om ah hum ...................................... 128
Parameshvaraya vidmahe … .............................................. 131
Pataer ................................................................................ 164
Pater .................................................................................. 164
Pater noster ................................................................. 170, 171
*Physische Stärke* → Tejohasi tejomayi dhehi … ............... 156
*Polarisierungen überwinden* → Om ah hum .................... 128
Prajnanam Brahma ............................................................. 146
*Prajnaparamita-Sutra* → Herz-Sutra ............................... 151f.
Preiset Gott ........................................................................ 166

**R** Radhe Govinda ................................................................. 137

Ram ........................................................................ 125, 126

*Rama*

→ Hare Rama Hare Rama ... ....................................... 138

→ Om dasarathaye vidmahe ... ................................. 144

*Redegewandtheit*

→ Dum ........................................................................ 126

→ Hsum Hayashirase namah .................................... 154

*Reichtum*

→ Der Herr ist mein Hirte ... ................................... 168

→ Om mahadevyai ca vidmahe ... ............................ 143

→ Om shrim maha Lakshmyai svaha ........................ 144

→ Shrim ............................................................... 125, 126

Ya Devi sarvabhutesu ... ........................................... 149f.

*Reinigung*

→ Hung vajra peh ..................................................... 154

→ Krim ...................................................................... 126

→ Om ah hum ............................................................ 128

→ Om hrim Adyayai vidmahe ... .............................. 141f.

→ Om shri maha Kalikayai namah .......................... 142

→ Om vajra sattwa hung........................................... 155

*Reisen* → Om ekadantaya vidmahe ... .......................... 138f.

*Ritual* → Om ah hum ...................................................... 128

Rosenkranz................................................................ 169-177

*Rudra* (siehe *Shiva*)

Ruhegebet ................................................................... 158f.

**S** Sabbe satta bhavantu sukhitatta ............................... 150

Sakral-Chakra → Vam ............................................... 126

Salve Regina ............................................................... 182

Sanctus ...................................................................... 181

Sanctus, sanctus, sanctus, Dominus Deus Sabaoth ... ........... 181

*Sarasvati*

→ Aim ........................................................................ 126

→ Om aim Sarasvatyai namah .................................. 143

→ Om vagdevyai ca vidmahe ... ............................... 143

Sarve bhavantu sukina ... ......................................... 156

Satyam eva jayate ...................................................... 147

*Savitri* → Tat savitur varenyam ..................................... 129
*Scheitel-/Kronen-Chakra* → Om ah hum ..................... 128
Schema Jisrael ... .................................................... 202
*Schöpferische Kraft*
→ Adi Shakti namo ................................................ 140
→ Aham devi na canyosmi ..................................... 148
→ Amba parameshvari ... ...................................... 148
→ Jai mahamaya ki jai ........................................... 148
→ Jaya jaya Devi Mata namaha ............................... 148
→ Om sarvasammohinyai vidmahe ... ..................... 139f.
→ Shakti Shakti dhanyavad ... ............................... 140
*Schutz*
→ Dum ................................................................. 126
→ Es gibt in mir keinen Teil, der nicht göttlich ist .......... 206
→ Ham Hanumate namah ....................................... 145f.
→ Jaya Durga devi ................................................. 141
→ Jaya jaya Devi Mata namah ................................. 148
→ Kali Durge namo nama ....................................... 142
→ Om dum Durgayai namaha ................................. 141
→ Om hrim dum Durgayai namaha .......................... 140
→ Om hrim kshraum krom hum phat ....................... 135f.
→ Om katyayanyai vidmahe ................................... 140
→ Om mani padme hum ......................................... 128f.
→ Om shri Durgayai namah .................................... 141
→ Seid stille und erkennt, daß ich Gott bin ................. 215
*Schwierigkeiten überwinden* → Om gam Ganapataye namaha ................. 139
*Seele* → Ich ließ meine Seele ruhig werden ... .............. 168
Seelenqualitäten .................................................... 214f.
*Segen*
→ Gam, Glaum ..................................................... 126
→ Hrim ................................................................ 126
→ Amen ............................................................... 166
→ Im Namen des Vaters ... ..................................... 167
→ Om shanti shanti shanti ...................................... 156f.
Sei gegrüßt, o Königin, Mutter der Barmherzigkeit ... ......... 182
Sei gegrüßt, Osiris, Herr der Zeit ... ............................ 206
Seid stille und erkennt, daß ich Gott bin .................. 168, 215
*Selbstvertrauen*

→ Hari Om Shiva Om ... ............................................................................ 133
→ Om ekadantaya vidmahe ... ................................................................. 138f.
→ Om shri maha Ganapataye namah ..................................................... 139
Seliger Christ, unser ewiges Licht ... ..................................................... 188
Shakti Shakti dhanyavad ... .................................................................... 140
*Shakti* (siehe *Weibliche Kraft*)
Shalom ....................................................................................................... 203
*Shambhu* → Shiva .................................................................................. 133f.
*Shankara* → Shiva .................................................................................. 133f.
*Shanti* → Om shanti ............................................................................. 156f.
*Shiva* ....................................................................................................... 133f.
→ Aham asmi ............................................................................................ 148
→ Ham ....................................................................................................... 126
→ Hari Om Shiva Om ............................................................................. 133
→ Haum ..................................................................................................... 126
→ Om namah Shivaya .............................................................................. 132
→ Om satyam Shivam sundaram ............................................................ 133
→ Om tatpurshaya vidmahe .................................................................... 131f.
→ Om tryambakam .................................................................................. 133
Shri Rama Rama Rameti .......................................................................... 145
Shrim ............................................................................................... 125, 126
Shriman Narayana Narayana .................................................................. 135
Siddha-Yoga ................................................................................... 127, 132
So sei es ..................................................................................................... 166
So'ham ...................................................................................................... 127f.
*Solarplexus-Chakra* → Ram .................................................................. 126
*Sonnenhymne*
→ Du bist der Eine, der alles, was ist, geschaffen hat ... ..................... 207
→ Hier bin ich. Sieh mich an ... ............................................................ 210
→ Mögest du in Frieden erwachen ... .................................................... 207
→ Sei gegrüßt, Osiris, Herr der Zeit ... .................................................. 206
→ Tat savitur varenyam ... .............................................................. 129-131
→ Untergehen im Leben seitens der Majestät dieses großen Gottes ... ... 208
→ Urheber des Seienden, Schöpfer der Wesen ... ................................. 207
*Spirituelle Führung*
→ Om Krishna guru ................................................................................ 138
→ Parameshvaraya vidmahe ................................................................... 131
*Stabilität* (siehe *Erhalten*)

*Stärke, Selbstbewußtsein*
→ Hari Om Shiva Om … .......................................................................... 133
→ Tejohasi tejomayi dhehi … ................................................................ 156
*Stirn-Chakra* → Om .............................................................................. 126
Subhana-l-lah ............................................................................................ 196

**T** Taiowa .................................................................................................... 210
*Tantrisches Gayatri* → Parameshvaraya vidmahe … ........................... 131
*Tara* → Om tare tutare ture svaha ...................................................... 149
Tat savitur varenyam … ........................................................................ 129
Tat tvam asi ............................................................................................ 146
Te Deum Laudamus ................................................................................ 181
Tejohasi tejomayi dhehi … .................................................................... 156
Theos ........................................................................................................ 163
*Tiferet* .................................................................................................... 204
*Trisharana* → Buddham saranam gachchami … ................................ 152

**U** Uma kon ................................................................................................ 211
*Unfallschutz* → Om tryambakam … .................................................... 133
Unser Herr, komm .................................................................................. 161
Untergehen im Leben seitens der Majestät dieses großen Gottes … ........ 208
Urheber des Seienden, Schöpfer der Wesen … ...................................... 207
*Urklang* → Om ................................................................................ 123-125

**V** Vajrapani
→ Hung vajra peh .................................................................................. 154
→ Om vajra sattwa hung ........................................................................ 155
Vam ........................................................................................................ 126
*Vasudeva* (siehe *Vishnu*)
Vater ........................................................................................................ 164
Vaterunser ........................................................................................ 170-172
*Vergebung*
→ Hari Om .............................................................................................. 135
→ Vaterunser .................................................................................... 170-172
*Vertrauen* (siehe auch: Dein Wille geschehe)
→ Der Herr ist mein Hirte … ................................................................ 168
→ Jai, jai Kali Ma .................................................................................. 142
→ Om Ami deva shri .............................................................................. 154

→ Om namah Shivaya ............................................................ 132

*Viracocha* ........................................................................... 210

*Vishnu*

  → Kshraum ...................................................................... 126

  → Om hrim hram rim ram Vishnushaktaye namah ..................... 135

  → Om hrim kshraum krom hum phat ...................................... 135f.

  → Om namo bhagavate Vasudevaya ........................................ 134

  → Om namo Narayanaya ...................................................... 134

  → Om Narayananya vidmahe ... ............................................ 135

**W** *Wakan Tanka* .................................................................. 209

*Weibliche Kraft*

  → Adi Shakti namo ............................................................ 140

  → Aham devi na canyosmi ................................................... 148

  → Amba parameshvari ... .................................................... 148

  → Ave Rosa ..................................................................... 175

  → Jai mahamaya ki jai ........................................................ 148

  → Jaya jaya Devi Mata namah ............................................... 148

  → Om hrim Adyayai vidmahe ... ........................................... 141f.

  → Om sarvasammohinyai vidmahe ... ..................................... 139f.

  → Shakti Shakti dhanyavad ... ............................................. 140

Weihen von Opfergaben → Om ah hum ..................................... 128

Wir glauben an den einen Gott ... ........................................... 185f.

Wo ich gehe – du ... ............................................................. 204

*Wunscherfüllung* → Klim ...................................................... 126

*Wurzel-Chakra* → Lam ........................................................ 126

**Y** Ya Devi sarvabhutesu ... ................................................. 149f.

Yam ................................................................................... 126

**Z** Zebaoth ....................................................................... 202

*Zellprogrammierung/-stimulierung*

  → Om .......................................................................... 123-125

  → So'ham ...................................................................... 127f.

*Zerstörung, Auflösung des Alten und des Negativen*

  → Ham .......................................................................... 126

  → Haum ........................................................................ 126

  → Hrim .......................................................................... 126

→ Krim ............................................................................ 126

→ Om dum Durgayai namaha ... ................................. 141

→ Om namah Shivaya ................................................. 132

→ Om tatpurshaya vidmahe ...................................... 131f.

→ Shiva ......................................................................... 133f.

Zu dir, Herr, erhebe ich meine Seele ........................... 203

*Zufluchtnahme* → Buddham saranam gachchami ... ............................ 152

Weitere Titel im Schirner Verlag

Margit Dahlke & Ruediger Dahlke
**Meditations-Führer**
*Finden Sie die für Sie richtige*
*Meditations-Methode*
400 S., Paperback
€ 15,30[D]/sFr 27,20
ISBN 3-930944-83-9
Vorgestellt werden über 130 verschiedene
Meditationsformen, geordnet nach Stern-
zeichen – so finden Sie die passende Metho-
de zur gerade vorherrschenden Energie.

Markus Schirner
**Atem-Techniken**
*Übungen für einen längeren Atem*
ca. 220 S., s/w-illustriert, Paperback
€ 12,70 [D]/sFr 22,80
ISBN 3-89767-074-7
Eine übersichtliche Zusammenstellung der
verschiedenen Techniken mit praktischen
Anleitungen zur Umsetzung

Tatjana & Mirabai Blau
**Buddhistische Symbole**
252 S., s/w-illustriert, Paperback
€ 15,30[D]/sFr 27,20
ISBN 3-930944-64-2
Eine Einführung in die buddhistische
Symbolwelt anhand von über 100 Symbolen

Tanja Al Hariri-Wendel
**Symbole des Islam**
304 S., s/w-illustriert, Paperback
€ 15,30[D]/sFr 27,20
ISBN 3-930944-86-3
Bildsprache einer bilderlosen Kultur darge-
legt in einer Erläuterung des islamischen
Glaubens aus Sicht einer westlichen
Konvertitin

Meister Hsing Yun
**Wahrhaftig Leben**
*Buddhistische Ethik im Alltag*
250 S., Hardcover
€ 16,40 [D]/sFr 29,20
ISBN 3-930944-98-7
Eine in Themen gegliederte Einführung in die
buddhistische Lebensweise in eingängiger
Sprache und mit Beispielen aus dem Alltag

„Wer diesen Lehren folgt, wird so strahlend
wie die Sonne und der Mond und kann alle
Dunkelheit überwinden."
aus dem LOTUS SUTRA

Dion Fortune
**Das karmische Band**
*Spiritualität in Liebe und Partnerschaft*
150 S., Paperback
€ 10,50 [D]/sFr 19,–
ISBN 3-89767-082-8

Obwohl Anfang des letzten Jahrhunderts ver-
faßt, finden sich hier immer noch aktuelle
Schätze an bleibenden Wahrheiten, die den
Weg zur erfüllten Partnerschaft weisen.

Sitara E. Eggeling
**Indische Yantras**
*32 Brücken zwischen Kosmos und Selbst*
32 Motive zum Ausmalen
auf 32 Blatt (herausnehmbar)
€ 10,50 [D]/sFr 19,–
ISBN 3-930944-66-9

Tatjana Blau
**Tibetische Mandalas**
*Aus der Mitte kommt alles,*
*zur Mitte kehrt alles zurück*
32 Motive zum Ausmalen
auf 32 Blatt (herausnehmbar)
€ 10,50 [D]/sFr 19,–
ISBN 3-930944-53-7

# CD-Programm

*Geführte Meditationen mit Musikbegleitung*          *alle CDs: € 15,30/sFr 29,90\**

### Atmen
*Übungen zur richtigen Atemtechnik*
Spielzeit: 62:04 Min.
Konzept: Heike Owusu
ISBN 3-89767-021-6

### Schutz
*Geführte Schutz-Meditation zur Stärkung der Selbstsicherheit und des Energiekörpers*
Spielzeit: 42:34 Min.
Konzept: Heike Owusu
ISBN 3-930944-73-1

### Chakras: Die Musik
*Musik zur Aktivierung der Energiezentren*
Spielzeit: 47:39 Min.
Konzept: Heike Owusu
ISBN 3-89767-023-2

Antar Sangeet
### Klangschalen-Meditation
*Vier Klangbilder mit Klangschalen*
Spielzeit: 61:08 Min.
ISBN 3-89767-093-3

### Chakras: Die Übungen
*Übungen mit Musik zur Aktivierung der Energiezentren*
Spielzeit: 47:28 Min.
Konzept: Heike Owusu
ISBN 3-89767-022-4

Thors
### Natur pur
*Reine Naturklänge zum Entspannen und Meditieren*
Spielzeit: 70:36 Min.
ISBN 3-89767-094-1

### Licht
*Geführte Licht-Meditation zur Heilungsunterstützung*
Spielzeit: 39:35 Min.
Konzept: Heike Owusu
ISBN 3-930944-72-3

Katharina Grawunder
### Tor zur Kraft
*Geführte Meditation zur inneren Kraftquelle*
Spielzeit: 42:07 Min.
ISBN 3-89767-084-4

### Hatha Yoga
*Die wichtigsten Grundpositionen*
Spielzeit: 66:32 Min.
Konzept: Heike Owusu
ISBN 3-930944-74-X

Katharina Grawunder
### Stille finden
*Eine Reise in die Entspannung mit Musik*
Spielzeit: 39:35 Min.
ISBN 3-89767-096-8